重庆市教育委员会人文社会科学研究项目“产教融合下高职院校‘课程思政’改革的实践与研究——以‘发动机管理系统的诊断与维修’课程为例”(编号 19SKGH254)
重庆市教育委员会人文社会科学研究项目“基于在线职业教育的乡村扶智路径研究”(编号 18SKGH188)

# 高职学生教育与工匠精神培养探索

邓 璘 著



合肥工業大學出版社

# 前　　言

时代呼唤爱岗敬业、严谨专注、精益求精的工匠精神。职业教育担负着培养高素质劳动者和技术技能人才的重要任务，其在教育改革创新和经济社会发展中的位置越来越突出。以习近平同志为核心的党中央高度重视职业教育，习近平总书记主持中央全面深化改革委员会第五次会议，审议通过了《国家职业教育改革实施方案》，该方案提出要“培育和传承好工匠精神”。可见，培育工匠精神是时代赋予职业教育的历史使命，是职业教育改革发展的基本价值向度，是职业院校培养高素质技术技能人才的核心任务。

在中华民族悠久的历史发展长河中，一代代工匠展现出爱岗敬业的工作态度、精益求精的职业精神和登峰造极的精湛技艺，成为推动社会进步、经济发展的重要力量。现阶段，我国已进入一个新的历史时期，要弘扬劳模精神和工匠精神，营造劳动光荣的社会风尚和精益求精的敬业风气。学生教育与工匠精神在新时代经济社会发展与产业转型升级中承担着更大的历史责任，具有十分重要的现实意义。本书通过梳理工匠精神培育研究的兴起背景，提出高职思政教育应如何滋养工匠精神的研究命题，从而加强校园文化建设，营造传播、弘扬工匠精神的浓郁氛围；将工匠精神融进具有自身特色的校园文化品牌建设中，提升学校的知名度和社会认可度；注重教师对工匠精神养成教育的言传身教，强化引领作用；从“思政课程”走向“课程思政”，转变“重技轻人”的功利主义价值取向，避免思政教育与专业教育脱节，将工匠精神融入高职教育教学的全过程；加强产教融合、校企合作，从注重工匠精神的养成教育、体验教育和实践教育等方面构建高职思政教育滋养工匠精神的体系。

本书在撰写过程中参考了书后所列参考文献中的有关资料，在此谨向相关的作者表示衷心的感谢。本书由重庆电子工程职业学院邓璘负责编写，约为18万字。

本人水平有限，仓促成文，不当之处，敬请广大读者批评指正，不胜感激。

作　者

2022年5月

# 目　录

# 第一章 绪 论

## 第一节 研究缘起

2019 年《国务院关于印发国家职业教育改革实施方案的通知》和 2021 年中共中央办公厅、国务院办公厅印发《关于推动现代职业教育高质量发展的意见》，要求职业教育应坚持立德树人、德技并修，将发展高等职业教育作为优化高等教育结构和培养大国工匠、能工巧匠的重要方式，推动思想政治教育与技术技能培养融合统一，建设技能型社会，弘扬工匠精神，培养更多高素质技术技能人才，为全面建设社会主义现代化国家提供有力的人才和技能支撑。

本书通过梳理工匠精神培育研究的兴起背景，提出高职思政教育应如何滋养工匠精神的研究命题，进一步阐释研究的价值。

### 一、研究背景

当前我国制造业正面临由“中国制造”向“中国创造”转型升级的关键时期，创新职业教育人才培养模式，大力造就支撑“中国智造”急需的大国工匠成为中国特色社会主义进入新时代的时代诉求。以爱岗敬业的职业精神、精益求精的品质精神、协作共进的团队精神、追求卓越的创新精神等为核心特征的工匠精神再次回归大众视野，成为社会各界人士的职业标准和精神导向。此外，随着中国科学技术的现代化发展，工匠精神也已然成为我国由传统手工业社会向现代化社会演变过程中的一种特殊的文化遗产，是中华民族勤劳、富有智慧的集体形象的写照。在此背景下，探究如何培育和弘扬新时代的工匠精神，对中国产业结构转型升级、职业教育走向现代化以及传统工匠文化继承具有重要意义。通过梳理文献我们发现，工匠精神研究的兴起有如下三重背景。

（一）工匠精神培育的文化传承

工匠精神是中国人自古及今、绵延百代孜孜以求的职业价值追求。事实上，工匠精神形成于我国长期的社会发展进程之中，不仅带有民族的文化基因，而且有其产生的特定历史渊源。在农耕时代，工匠艺人为满足生产生活而进行生产工具、生活器皿等制作，为满足审美享受而进行陶瓷及木雕石雕等创造，这些都需要古代工匠们耐心、细心及专注执着的精神。比如《史记》中有舜在4000年前黄河之滨制陶时，追求精工细作的记载。这种精神随着古代经济、政治、文化的发展，逐渐形成我国独特悠久的工匠文化和工匠精神。在当前中国现代化进程中，无论科技如何进步，传统手工艺都是培育工匠的摇篮，是工匠精神得以形成的基石，更是民族文化传承与光大的孵化器。在某种程度上，工匠精神已然成为一种职业道德文化，在“中国制造”走向“中国创造”过程中发挥着较强的时代价值。

（二）工匠精神培育的职业标准

对于个人而言，工匠精神作为一种优秀的职业道德品质，是从业者的职业价值取向和行为表现，是创造精神、专注精神和服务精神的集中体现。工匠精神培育的重点在于引导工作者树立对职业敬畏、对工作执着、对产品负责的态度，引导他们高度重视细节，不断追求完美和极致，体现的是人的职业态度和职业精神。这种工匠精神作为一种综合性的职业标准，主要体现在工作者职业过程中的技艺、态度和价值等层面。具体来说，在技艺层面上，工匠精神要求工作者的技能始于动作的模仿，然后通过熟练化和经验的累积过渡到有认识活动的技能，即智力技能，最后达到动作技能与智力技能的完美统一；在态度层面上，工匠精神要求工作者在工作中呈现出用心专一的状态，丝毫不马虎；在价值层面上，工匠精神要求工作者通过对技能的精益求精，最终达到虚心静意的价值内化。总的来说，工匠精神已经成为社会各界的职业导向和价值追求。

（三）工匠精神培育的时代诉求

随着40多年的改革开放，我国目前正处于由“高速度发展”向“高质量发展”转型的关键时期，加之经济全球化的推进，国家间的竞争和较量也愈发激烈。在这种背景下，工匠精神的培育契合时代的诉求，成为推动经济发展的强大支撑。一方面，培育与弘扬工匠精神是推进供给侧结构性改革、促进产业结构升级的需要，它对建立健全创新供给侧结构、调整长效机制、优化消费市场布局、源源不断地提供满足各层次消费需求的商品并由此形成能够激发人的潜在善性、顺应社会良性发展大势的消费环境起到了重要作用；另一方面，培育和弘扬工匠精神也是推动“中国制造”向“中国创造”转型升级的需要，这是因为培育和弘扬工匠精神有助于激发劳动者爱岗敬业的职业精神、精益求精的品质精神、协作共进的团队精神、追求卓越的创新精神，提高企业产品质量，激发企业创造活力，推动创新领域的发展，提高国家在国际社会上的竞争力。

## 二、问题提出

为应对经济发展方式转型和产业结构升级所带来的严峻挑战，我国于2015年正式发布《中国制造2025》，提出“把我国建设成为引领世界制造业发展的制造强国”的口号。在此背景下，“大国工匠”成为当今社会紧缺的人才，以爱岗敬业的职业精神、精益求精的品质精神、协作共进的团队精神、追求卓越的创新精神等为核心特征的当代工匠精神应运而生，并受到社会各界的热切关注。李克强总理在2016年《政府工作报告》中明确提出：要大力弘扬工匠精神，厚植工匠文化土壤，恪守职业操守，崇尚精益求精，完善激励机制，培育众多“中国工匠”，打造更多享誉世界的“中国品牌”。习近平总书记在党的十九大报告中进一步强调：弘扬劳模精神和工匠精神，营造劳动光荣的社会风尚和精益求精的敬业风气。这些都充分体现了党和政府对工匠精神的高度关注。

我国高等职业教育承担着培育制造业应用型人才的重要任务。据统计，截至2020年，全国独立设置的高职院校达1468所，招生数为524.34万，毕业生数为376.69万，在校生数为1459.55万。工匠精神的提出，体现了党和政府对高等职业教育精神培育的重视。从目前来看，世界范围内的制造业强国在工业化进程中已经充分认识到工匠精神的重要性，均坚持要把办好职业技术教育和塑造工匠精神紧密结合在一起，进而推动和确保制造业尤其是高端制造业一直处于世界领先的地位。比如德国实行“双元制”职业教育，并倡导劳动者发扬以精益求精、一丝不苟、持之以恒、开拓创新以及敬业乐业为核心的工匠精神，最终使“德国制造”成为高品质的代名词。近年来，为满足“高质量”经济发展过程中对“大国工匠”的需求，我国政府也高度关注高职教育的发展，相继出台了包括《教育部、财政部关于实施国家示范性高等职业院校建设计划，加快高等职业教育改革与发展的意见》（教高〔2006〕14号）、《国务院关于加快发展现代职业教育的决定》（国发〔2014〕19号）、《国务院关于印发国家职业教育改革实施方案的通知》（国发〔2019〕4号）和2021年中共中央办公厅、国务院办公厅印发《关于推动现代职业教育高质量发展的意见》等一系列推动高职教育快速发展的文件。然而，从高职教育培养的实践可以发现，当前我国高职教育仍存在“过分重视对学生职业技能的训练而轻视对学生职业观的教育及培养”等现象，由此导致了学生的职业素养往往不高（如表现为认同感低、职业荣誉感低、职业责任感低以及职业成就感低），使得爱岗敬业成为无源之水，精益求精往往无从谈起，职业专注无法有效保障，创新发展动力缺乏，进而诱发产业结构不均衡、经济发展质量不高等问题。

为解决高职院校学生职业素养不高的问题，应构建以工匠精神为核心的职业教育培养体系。而高职院校学生的职业素质培养是以思想政治理论课教学为主渠道的，因此有必要将工匠精神与高职思政教育结合起来，构建思政教育文化引导下的工匠精神滋养体系。事实上，高职院校学生的工匠精神的培养与思政教育在培养定位、培养目标及培养内容等方面均存在高度一致性，都注重对学生思想道德素质和个体道德能力的培养与提升。其中，高职院校工匠精神培育是一种深层次的思想政治教育，必须深入职业技能、职业态度以及职业价值追求等层面。基于此，本书旨在探索高职思政教育与工匠精神之间的融合机制，并进一步提炼出高职思政教育滋养工匠精神的实现路径。

## 三、研究价值

自2016年《政府工作报告》中首次明确提出“工匠精神”的概念以来，工匠精神已经成为当前理论研究和社会各界关注的热点和焦点，学界就工匠精神的内涵、工匠精神缺失的原因等进行了研究，但恰恰忽视了高职思政教育与工匠精神的融合机制以及如何利用高职思政教育滋养工匠精神等研究。

基于此，本书在文献梳理的基础上，通过挖掘工匠精神、高职思政教育的内涵及其功能，以探究工匠精神和高职思政教育之间的内在关联，并通过对川渝不同地区、不同类型的高职思政教育滋养工匠精神的现状，分析找出影响高职思想政治教育滋养工匠精神的因素，最终提出高职思政教育与工匠精神之间的融合机制以及高职思政教育滋养工匠精神的实现路径。这不仅有利于为探究如何培养工匠精神提供新视角、新观点，而且有利于为构建高职院校科学性、可操作性的工匠精神培育体系提供理论依据。

## （一）理论意义

### 1. 有利于拓展工匠精神研究的新视角

当前关于工匠精神的研究大多数集中在制造类行业或者企业，很少探究高职院校学生群体工匠精神的培育。此外，现有文献对高职院校学生工匠精神的研究大多延续职业教育的研究路径，存在重技能培养、轻素质培育的问题，很少有文献将思政教育与工匠精神联系在一起。事实上，思政教育与工匠精神在培养定位、培养目标及培养内容等方面存在高度一致性，都注重在技艺、态度以及价值等层面培养学生。本书基于上述考虑，试图通过对高职思政教育滋养工匠精神的研究，在一定程度上为工匠精神的研究提供新视角，开拓新的研究思路。

### 2. 有利于探索出高职院校学生工匠精神培育的新路径

对高职思政教育滋养工匠精神的现状及其影响因素进行分析，有利于提炼出高职思政教育和工匠精神的融合机制，进而探索出高职院校学生工匠精神培育的新路径。

## （二）实践价值

### 1. 有利于实现工匠精神文化的传承

中华民族自古至今就一直强调勤劳勇敢、自强不息的精神传统以及百折不挠、锐意进取的精神追求，这已经成为中国精神不可或缺的一部分；而工匠精神主要蕴含着爱岗敬业的职业精神、精益求精的品质精神、协作共进的团队精神、追求卓越的创新精神，这与中华民族的文化传统具有高度的一致性。事实上，工匠精神重新回归人们视野是中华民族传统文化的传承。思政教育承担着传承和培养中国精神的责任，也理所当然地成为弘扬和培育工匠精神的重要渠道。基于此，从某种程度上看，探究高职思政教育和工匠精神的融合机制也是对中华民族优秀传统文化的一种传承。

2. 有利于培养新时代所需的“大国工匠”

工匠精神本质上是一种职业精神，是从业人员的职业价值取向和行为表现，与人生观、价值观密不可分。目前，我国正处于由“中国制造”向“中国创造”转型升级的关键时期，社会需要大量精于技术、工于技能、协同共进以及勇于创新的高素质人才；而工匠精神作为思政教育的重要内容，是新时代培育具备爱岗敬业、精益求精、协作共进以及追求卓越等品质的高素质人才的重要途径。因此，对工匠精神培育与高职思政教育的融合研究，有助于促进高职院校人才培养模式变革、教育教学方法创新，从而使教育全过程具有更强的人文性和思想性，进而培养出新时代所需的“大国工匠”。

3. 有利于推动我国产业结构的转型升级

当前我国经济发展进入新常态，我国产业正面临着由“中国制造”向“中国创造”转型升级所带来的挑战。2015—2020 年，我国制造业增加值由 20.03 万亿元增长到 26.60 万亿元，年均增速为 5.47%；制造业增加值占全球比重由 26.29% 提高到 28.61%，在世界各主要经济体中位居首位；制造业出口占全球比重由 18.45% 提升至 18.70%，特别是 2020 年我国首次超过德国成为世界最大的机械设备出口国，制造大国地位进一步巩固。在这种背景下，党和政府适时提出工匠精神，旨在倡导劳动者以爱岗敬业的职业精神、精益求精的品质精神、协作共进的团队精神以及追求卓越的创新精神去提高企业的产品质量，激发企业的创造活力，进而推动我国产业结构的转型升级；而思想政治教育旨在引导学生认识当今世界和中国的形势，培养大学生的工匠精神，使他们的理想追求与国家的民族的理想追求相融合，进而推动我国的产业结构转型升级。

## 第二节　研究文献回顾

### 一、思政教育研究的三个维度

思政教育是中国本土化的一个概念，马克思主义强调重视无产阶级的发展与实践，但是并未明确提出与思政教育相关的概念。中国共产党在近百年的革命、建设和改革实践中，根据我国的实际情况，探索并形成了中国特色社会主义的、影响广泛的思政教育模式。思政教育是具有思政教育功能的人或组织，通过运用不同层次的学术研究方法及手段，针对思政教育现象及存在的种种现实问题，根据解决思政教育问题的基本思路，对受教育者和学生进行理论及实践经验指导，从而发展学科理论、推动实践创新、提高教育实效性的活动。思政教育作为意识形态传播的重要途径，对社会和人的发展具有潜移默化的影响。社会成员通过接受意识形态教育，塑造并形成科学的世界观、人生观和价值观，贴近时代发展的新趋势，维护社会的和谐稳定。党的十九大以来，在中国特色社会主义新时代语境下，"党是领导一切的"为思政教育提供了坚实的政治保障，思政教育迎来了发展的新机遇，以人民为中心的发展思想成为思政教育发展的新增长极，新时代为思政教育提供了新际遇。在新形势下，不少学者和各大学的一线工作者针对思政教育进行了细致的研究。关于思政教育方面的研究，主要集中在以下几个方面。

### （一）思政教育的内涵意蕴研究

从思政教育的本质来看，思政教育实则是一种价值创造，是引领和变革社会实践的能动性活动，其主要目的是调节个人和社会之间的特定矛盾，发掘调节人与社会特定关系的思政教育实践的历史趋向性。

从思政教育传播方式来看，相关研究认为，思政教育实质是教育者与受教育者之间传播方式的交流。

从思政教育研究方法入手，相关研究立足于研究对象、学科属性、教育客体等视角，指出了思政教育研究中不同研究方法的价值取向，而研究方法作为思政教育学科建设发展的重要内容，与思政教育学术研究的效度与信度息息相关。

### （二）思政教育的机制构建研究

思政教育机制是思政教育运行过程中的各主要要素由于某种机理形成的因果联系和运转方式。相关研究者对思政教育机制的研究与探讨呈增长趋势，涉及范围广泛。通过对现有文献的梳理，本书将思政教育机制构建相关研究总结为以下几点。

#### 1. 思政教育协同机制相关研究

张莉和胡芝立足于"大思政"教育观，指出高校思想政治教育存在多元参与主体，需要在其目标、内容、方法、机制、评价等多个环节以及各个创新领域构建协同机制。要通过树立整体意识，形成齐抓共育的全员化管理机制，构建课堂体系，加强资源整合，构建多维参与的“全领域”工作机制。杨卫东和孙舒悦认为，通过加强高校辅导员与专业教师协同育人的思政教育机制，构建教学和科研相互渗透的主要协同模式，促进专业教师育人机制与辅导员工作方法的互补互鉴。

2. 思政教育长效机制相关研究

王万明等认为，针对大学生思政教育面临的新形势和新特点，要明确高校思想政治教育的规律、目标和方向，围绕思政教育的目标，建立科学规范的规章制度，筑牢思政教育的长效“安全阀”。师帅朋和杨航征通过分析当前大学生思政教育长效机制在内涵、判定标准、工作思路、制度模式和效果评价等方面存在的问题，在理论和实践层面对长效机制构建的剖析，强调关注思政教育者与思政教育效果、教育活动持续性这两对价值关系，进而制定思政教育长效机制评价标准。此外，有研究者从不同研究主体的视角切入高职学生思想政治教育。例如吴轲威从高职学生思政教育出发，创造性地提出了思政教育的新型范式——柔性管理，认为高职学生日常思政教育柔性管理应着力建立健全柔性化需求机制、运行机制、评价机制及激励机制“四位一体”的长效机制。而骆郁廷则从高校网络建设视角出发，深入探索和着力构建新形势下高校网络思政教育的长效机制，提出要适应网络自身的特点，抓住网络思政教育的发展趋势，应从协调、决策、引导监控、调节等方面切实构建网络思政教育的长效机制。

3. 思政教育激励机制相关研究

刘晓玲指出，激励法在思政教育中的合理运用能够调动教育对象的积极性、主动性与创造性。因此，要通过提升思政教育者的素质和能力，加强激励法的灵活运用，完善思政教育的激励机制三重路径，优化激励法在思政教育中的运用。冯刚和王栋梁则基于游戏系统的建设，认为游戏构建的包括“分数系统”“勋章系统”和“排行榜系统”在内的反馈激励机制，对于提升思政教育的反馈激励机制具有一定的启示意义，并指出应从构建及时激励机制、明确目标导向体系、激发教育对象内生动力三方面着手，深化思政教育的反馈激励机制构建。王丽娟指出，高校思政教育工作应结合目标激励、榜样激励、情感激励，科学制定、正确把握激励机制，营造良好的激励氛围，建立完整的激励体系，不断提升激励教学的有效性。

（三）思政教育的效果提升研究

目前我国的思政教育队伍建设取得了一定的成效，教师数量逐渐增长、师资结构不断优化、整体素质逐步提高。然而，其中仍然存在一些问题亟待解决，现有研究主要集中于以下几点。

在高校思政教育建设方面，李梦佳和曹景文指出，在自媒体时代，高校应该跟上时代的发展，将自媒体应用到高校思想政治教育中。高校思政教育需要加强校园网络文化建设，扩大思政教育的辐射范围；突出自媒体平台建设，提高思想政治教育的渗透力；完善思政教育队伍建设，提升思想政治教育的生命力；提升学生媒介素养，注重思政教育的实效性，从而强化思政教育的影响力。谢仁凤和宋田田认为，在“互联网+”时代，思政教育面临着复杂的舆论环境，也面临着诸多机遇，利用互联网的开放性、全面性和多样性拓宽思政教育的空间，可扩大思政教育的视域与覆盖面，实现思政教育资源利用、交流与共享的价值最大化。娄君庭和陈松林则着眼于高校贫困生的思政教育进行研究，认为对他们的思政教育仍面临教育观念滞后、创新力度不够，教育内容过于统一、针对性不强，教育方法单一、灵活性不够，教育机制不完善等困境，必须通过转变教育理念、体现时代精神、拓宽教育途径和健全教育机制等方式促进贫困生的健康成长和全面发展。

在高职思政教育建设方面，贾迅和王菲指出，新媒体为思政教育工作提供了良好的平台，也应关注新媒体为高职院校思政教育工作带来的思想统领、人际关系等方面的隐患，发挥教育者的主导作用。在观念上确保思政教育优势，倡导社会主义核心价值观；在定位上把握新媒体特征，辩证选择互动平台；在行动上正确认识新媒体的有益之处，加强信息管理，助力社会主义现代化建设。三管齐下，适时运用于思政教育工作中，为社会主义现代化建设助力。蔡小葵着眼于高职高专教师队伍建设方面进行研究，通过对全国部分高职高专院校思政教育的领导专家、专任教师和学生开展关于思政课发展状况的问卷调查，发现在当前我国高职高专院校思想政治理论课教师队伍建设中存在诸如教师数量不多、教师队伍总体水平不高、人员结构不合理、专业结构欠佳等问题，并分析产生的原因，对标

“六要”标准，进一步提出采取政策督察、精准培训和“工程”建设，提高思政课整体教育教学水平。公亚丽和李朝伟则指出，在新时代背景下，高职大学生的思想状况呈现出学生自育意识显著增强、学生集体性关切更加集中、学生思政教育获得感需求增强、部分学生功利性思想凸显等新特点，针对这些特点，要切实树立以组织育人、促进学生自育的思政教育理念，坚持开展行之有效的意识形态教育和理想信念教育，不断增强学生接受思政教育的获得感。

在思政教育课程建设方面，王淑荣和王英洁强调，要提升思想理论课的亲和力和针对性，要解决受教育对象的切身问题，做到“问题意识有准度”。同时，思想理论课内容既要有广度又要有深度，且课堂并非仅限于传播知识，还要做到以理论的理性指导情感的感性，增强思想理论课的感染力，做到传播方式有温度。邓卓明和姜土生则从思想理论课教师和辅导员相结合的视角出发，指出两支队伍在融合机制、协同状况、共享平台、培养培训和工作评价等方面还存在不同程度的问题与不足，通过加强两支队伍融合的组织领导和建立有效的运行机制，推进工作相互兼任，共同参与思想政治理论课改革和相关科学研究，构建共享的资源平台，进而提升合力育人实效。

## 二、国内外工匠精神研究现状

### （一）国内工匠精神研究现状

纵观国内，“工匠精神”的大型媒介宣传始于 2015 年央视推出的纪录片《大国工匠》；2016 年全国“两会”上，李克强总理在《政府工作报告》中指出要培育精益求精的工匠精神，“工匠精神”再次走进公众视野，成为热搜名词。党的十九大报告也明确提出了“建设知识型、技能型、创新型劳动者大军，弘扬劳模精神和工匠精神，营造劳动光荣的社会风尚和精益求精的敬业风气”，为新时代弘扬工匠精神做了新的注解。

对工匠精神的研究涉及历史发展、理念观点、本质内涵、当代发展实践的现实与意义、长期以来的缺失问题及原因、当前培育与弘扬的对策探析等多个方面，研究内容广泛且繁杂。通过对现有文献的梳理，可以总结归纳为以下几个方面。

一是关于工匠精神的内涵研究。虽然近几年工匠精神一直是热词，但是学界尚未形成一个统一的定义，不同学者从不同视角对工匠精神作出了界定。王世海和赵爱琴认为工匠精神的内涵是，对所从事的工作注重细节、精益求精，对所做的事情严谨钻研、精雕细琢，对所生产的产品认真执着、咫尺匠心，把产品做到极致，其体现的是人的职业态度和职业精神，包含技艺、态度和价值三个层面。刘建军把工匠精神的基本内涵概括为精益求精，将工匠精神定义为精益求精的职业精神，在工作中专注专一、全情投入，是一种敬业乐业、追求卓越的工作态度和个性修养。熊峰和周琳则从职业价值取向入手，认为工匠精神是从业人员创造精神、品质精神和服务精神的集中体现，是行动层面、结果层面和价值层面的统一。庄西真从地域、时空、领域、层次、育人等多维视角出发，全面剖析与解读工匠精神的内涵，以彰显工匠精神的时代价值。李皓、向玉乔从工匠精神的内在逻辑和价值引领出发，认为工匠精神是人类劳动实践过程中特有的价值现象，它倡导人们正确地理解劳动实践活动及其价值，用合乎伦理要求的手段和积极健康的方式参与劳动实践活动。程展鹏则认为，工匠精神属于职业精神范畴，是从业人员的一种价值取向和行为表现。

二是关于工匠精神的培育和弘扬的宏观层面研究。不同学者基于不同视角进行了深入有效的研究，陈雨立足于系统论视角，分析工匠精神培育系统的宏观、中观、微观等外部环境，认识到工匠精神培育系统的主体性要素、中介性要素以及客体性要素若能实现完美匹配，则可让整个工匠精神培育系统达到最佳运行状态。刘志彪和王建国将工匠精神与企业家精神相结合，指出建设创新驱动型国家，不能排斥工业化时代与工艺或流程创新相关的工匠精神，要鼓励具有颠覆性特征的产品创新活动。江宏立足于经济新常态，指出产业变革已成为我国加快经济转型的一项紧迫任务，要紧紧抓住这一重大历史机遇，弘扬中国特色社会主义工匠精神，用中国特色社会主义文化体系引领新工匠精神的培育，在借鉴资本主义发达国家工匠精神有益经验的基础上，在“大众创业、万众创新”的社会行动中植入工匠精神。

三是关于工匠精神具体操作层面的研究。苏勇和王茂祥构建了工匠精神培育模型，认为只有将工匠精神与创新精神紧密结合，二者互相促进，才能打造出传世精品，也才能成就真正的“大国工匠”；还要以创新精神为引领，围绕市场需求，创造市场需求，不断提高产品质量，提高客户满意度。李梦卿和任寰指出，培育工匠精神已成为时代课题，职业院校作为培养技能型人才的教育机构，需要加强对技能型人才工匠精神的培养，通过加强课程设置、专业建设和推进产教融合等多渠道并举的途径，将工匠精神的培育融入职业教育各个环节，提高人才培养质量。夏果平和谭德礼认为，工匠精神培育必须激发学生的内在动力，包括观念动力、情感动力、意志动力、技术动力四个方面，要做到帮助高职学生改变异化劳动传统观念，提升工匠职业认同，提升学生的专业兴趣，培育工匠职业情感，涵养工匠人才的内在特质，坚定工匠职业意志，培育学生过硬的技能本领，练就工匠职业技术，全面提升高职学生素质四个方面的内在动力。

四是关于工匠精神培育路径的研究。闫广芬和张磊指出，工匠精神应从知识和技艺的传承、精神品质的塑造、社会资本的积累及社会责任的树立等四个方面进行分析，从而提升教育精神、教育要素、教育过程和教育体系。李宏伟和别应龙指出，中国从“制造大国”走向“制造强国”，不仅需要大批科学技术专家，更需要千千万万能工巧匠。要打破就业体制，改革就业观念，树立杰出的工艺大师、工人技师榜样，并将传统与现代相结合，以双元制、双导师制培养工匠技师。李适和栗洪武从职业教育视角入手，指出学生工匠精神培育的使命，就要以工匠精神为基调重新定位办学理念，并以产教融合、校企合作为着力点，以校园隐性文化为载体，为职业教育改革发展开辟新视角。胡冰和李小鲁则指出，高职院校思政教育具有理性培育的技术理性和价值理性两个维度，技术理性审视现实，价值理性观照未来，两者是统一的。职业技术教育工匠精神的培育要保持现实与理想的必要张力，推动职业教育向积极、健康的方向发展。

五是关于工匠精神的当代价值和意义方面的研究。工匠精神作为一种精神文化对整个社会的精神风貌影响重大。不同学者对培养工匠精神的当代价值和意义进行了多方面、多维度的阐述，从多个方面和角度论述了工匠精神的价值所在。回顾已有文献，可以总结为以下几点。

关于工匠精神的经济价值方面的研究，刘建军认为，工匠精神有助于我国制造业的转型升级，有利于我国企业“增品种、提品质、创品牌”。俞松坤则指出，实现“中国制造 2025”战略目标，需要呼唤工匠精神的回归，通过树立大工程观、推进产教融合、加强师资队伍建设、营造文化氛围、开展“双创”教育等多渠道并举的途径，将工匠精神培育融入新工科建设各个环节，进而打造“大国工匠”。朱凤荣认为，工匠精神是推动中国制造业升级的重要动力，是增强制造业企业竞争力的重要因素，引领着制造业从业者职业发展的方向。潘天波从优才制度视角阐释工匠精神的存在逻辑，通过革新教育制度，重视现代职业教育，培育适合工匠精神养成的创业体系，从而化解工匠精神价值观与新消费资本价值观之间的矛盾。关于工匠精神的文化价值方面的研究，马奕兰从艺术教育视角切入，认为工匠精神是传统艺术文化得以保全的重要基础，也是高校艺术生未来发展必备的职业素质。艺术学校应采取课程交叉设置、全面校企合作和拓展实训的教学模式来培育工匠精神。高德步和姚武华认为，工匠精神的发挥对于文化产业的长远发展有着深刻的意义，文化产业工匠精神的根本内核在于“把握理性与感性的和谐统一”，通过“追求完美的敬业精神”“回归人文理性的实践精神”和“演绎自我的创新精神”彰显人类本质精神的文化意识。刘刚通过对工匠文化体系的研究，指出工匠精神及行为反映在核心价值层、制度规范层和物质显现层三个层面，并对其内部结构、外部环境和运行机制进行了理论阐述。

关于工匠精神的个人价值方面的研究，叶龙等认为以“思”为生的职业劳动者是工匠精神的承载，他们具有前瞻性的问题分析视野、多元认知以及善于利用时间盈余等思维精神价值，是新时代工匠精神的象征。杨英认为，在当前建设“制造强国”的背景下，培育工匠精神是促进高职院校稳健持续发展的必然要求，而具备工匠精神的学生，其工作踏实、勇于创新、精益求精、爱岗敬业、团结同事的特征会在工作与实践中成为其强大的竞争力。程欣等通过对75名上海工匠的调查发现，在工匠精神养成的影响因素上，工匠较为认可个人和企业维度的影响因素，其中以个人特质、企业文化最为突出。在工匠精神的养成方式上，工匠认可自我磨炼或修养、技术难题攻关、日常工作实践、师傅或同事言传身教等养成方式。

### （二）国外工匠精神研究现状

国外关于工匠精神的研究并没有具体明确的阐述，由于不同国家具有不同的社会情况和文化背景，工匠精神的具体内涵和存在方式各不相同。代表性观点主要有如下几类。

一是职业性论。虽然德国没有合适的词语对应“工匠精神”，但“职业性”一词较为接近。德国的双元制职业教育由政府和企业共同出资，课程设置以实践为导向，学生在学校学习理论知识的同时，也须与企业签订合同成为学徒，参与实习。除技能培训外，学生的“职业性”还包括道德标准、规范、知识、经验等内容，这需要职业院校来完成。杨佩昌指出，职业教育是支撑德国制造的“秘密武器”，是德国企业竞争力的重要来源，德国技工人才经过多方合力锻造，成就了蜚声中外的德国工匠精神。俞跃也指出，在德国深厚的历史文化传统和完善的教育体制下，工匠精神已经渗透到全方位教育，社会各界均处于工匠精神的浓厚氛围之中。德国人普遍认为，每个人都要对自身的职业抱有一份敬畏之心，并心怀感恩。正如亚力克·福奇所说的：“工匠精神已不再是手艺人的职业道德追求，而是作为任何人类行为工作的普遍追求，所以工匠精神又体现了对永恒存在与高尚人格的不懈追求。”

二是荣誉论。这种观点认为，代表一种荣誉的工匠精神是自愿把事情做好，若没能做好，就会感到憎恶和耻辱。精神文化被破坏，或者说处在一种不断变动的状态时，社会就不再重视荣誉和廉耻，产品品质就会降低。在机械化时代，必须重拾工匠精神。朱琴和刘培峰指出，在日本中世纪，分门别类的行业团体的出现，加剧了行业内部的竞争，而丰厚的经济回报以及战国大名的重视也成了古代工匠精神进一步强化的外在动力，促使日本“工匠型社会”和“工匠型企业”的形成。青木史郎指出，日本匠人的培养和技艺的磨炼与其作为造物之国的文化息息相关。专业的技术人员被尊称为“大工”“职人”“名家”，受到一般市民的尊敬，其社会地位也相对较高，以他们为核心，日本构筑起与“匠”和“技”相关的系统。

三是文化沉积论。日本工匠精神是日本重要的文化象征之一。日本人一丝不苟、追求完美、务求极致的品质正是工匠精神的集中体现。秋山利辉在《匠人精神》中指出，日本工匠精神有其形成、传承、评价和监管的文化基础。日本政治能够给个人和企业公平竞争的市场空间；法律能够发挥“扬善惩恶”的有效机制；民众能有以勤劳敬业为荣、懒惰奢侈为耻的价值观；社会能有长治久安、安居乐业的环境，工匠精神在这种文化环境下就能够在产品质量和服务质量中得以体现。罗春燕指出，日本独特的职人文化、稳定的企业制度及其匠人较高的社会地位、敬仰的伦理思想等因素促使日本工匠精神蕴含爱业情怀、专业精神、崇尚极致、美之追求、安分淡然、心怀顾客等丰富的内涵和独特的魅力。

## 三、思政教育与工匠精神的逻辑联系研究

工匠精神是全社会倡导和培养的一种精神，具有全民性和全覆盖性的特征。工匠精神为新时代丰富高校思政教育内容、推进高校思政教育工作创新提供了思路，同时也对职业院校培养高水平专门技能人才提出了时代要求。关于思想政治教育与工匠精神相结合的研究，主要有以下方面。

### （一）工匠精神融入思政教育路径研究

刘伟杰和王可月指出，要以“课程思政”为基础，将工匠精神培育融入各门课程；以实践为抓手，将工匠精神融入日常思政教育；以教师为引领，提高培育工匠精神的能力；以网络为载体，拓展工匠精神培育的方法。将工匠精神培育融入大学生思想政治教育的路径。钱永明认为，工匠精神对职业院校培养高水平专门技能人才提出了时代要求，也对思政教育提出了新任务。职业院校思政教育需要通过有的放矢的路线设计、充分有效的课堂教学、丰富多样的第二课堂，明以“修身立德”，功以“精艺致远”，形于“文化成人”，形成合理的价值引导，建立大学生德行并重的价值体系。

### （二）思政教育视域中的工匠精神内涵

王越芬和张世昌认为，对于思想理论课教师来说，工匠精神的弘扬和践行需要相应的文化体系支撑，教师要按照高标准成果要求养成工匠习惯，进而塑造出工匠精神，通过树立对工匠精神认同的价值文化，引导思想理论课教师们将敬业视为职业常态行为，并在教师职称晋升上放宽限制条件，引导教师培养工匠精神。唐斌指出，个性化、柔性化、精益求精等内容的工匠精神对于思想理论课教师同样适用，强调思想理论课教师要在具备高校教师和思想理论课教师一般素质的基础上，拥有适应思想理论课教学的个性化素质；在坚持刚性教学要求完成的基础上，采取刚柔并济的方式提升教学有效性；在达成知识目标的基础上，将能力目标、情感态度价值观目标融入教学过程，在精益求精的基础上切实提升思想理论课立德树人的功能。

### 四、文献简评

目前，学术界分别从不同的视角和层面对职业教育（高职院校）培育工匠精神融入思政教育进行了富有启发性的研究。纵观国内外研究现状，学术界对工匠精神内涵、价值及意义、培育路径的研究进行了广泛而深入的探讨，这为本研究的开展提供了丰富的理论基础，且在研究思路、研究方法上为本研究提供了较好的参考和借鉴。在学习和借鉴已有成果的基础上，本书认为尚有以下问题值得进一步研究。

（1）思政教育和培育工匠精神的内在关联性。

（2）高职院校思政教育滋养工匠精神的结构机制。

（3）高职院校思政教育滋养工匠精神的实践探索。

本书将紧紧围绕这些问题展开研究，为探索具有高职特色的工匠精神培养路径、增强高职思政教育工作的实效性略尽绵力。

## 第三节　研究思路、技术路线和研究方法

### 一、研究思路

高职思政教育滋养工匠精神是一个综合性课题，也是当前理论研究和社会关注的热点和焦点。本书在文献梳理的基础上，试图探究高职思政教育与滋养工匠精神之间的融合机制，并进一步提炼出高职思政教育滋养工匠精神的实现路径。具体来说，本书主要研究内容如下。

#### （一）高职思政教育与工匠精神的关联研究

工匠精神，究其本质而言，是职业意识的觉醒，更是职业精神和操守的升华。基于此，本书将围绕思政教育的文化使命和意识形态功能，对工匠精神在当代的文化定位及其与思政教育的相互关系展开研究，为深层次探索职业教育的文化根本打下基础。

#### （二）高职思政教育滋养工匠精神现状研究

把握高职思政教育滋养工匠精神的现状有利于为构建高职思政教育与

工匠精神的融合体系奠定基础。基于此，本书拟选取川渝地区不同行业不同类别的高职院校，通过问卷调查、访谈以及实地调研等方式，把握高职思政教育滋养工匠精神的现实状况。

### （三）高职思政教育与工匠精神融合困境研究

工匠精神培育是思政教育的新使命，也是一项长远任务，如何真正落到实处，形成长效机制，既需要思想理论课本身的改革，更需要发挥“全员育人、全程育人、全方位育人”整体工作格局的根本作用。本书将在现状调查的基础上，围绕融合困境、制约因素展开具体分析。

### （四）高职思政教育滋养工匠精神路径研究

时代呼唤工匠精神，工匠精神必须培育“匠情匠魂”。本书以社会主义核心价值观为统领，将“匠情匠魂”培育与思想政治教育结合起来，立足二者结合的落脚点——职业素养，从“课堂教学知素养，走入企业看素养，实习实训练素养，环境氛围润素养”出发，探索高职思政教育滋养工匠精神“多主体、多渠道、全覆盖”的“并联式”融合机制。此外，本书将从以下方面开展高职思政教育滋养工匠精神的路径研究：加强校园文化建设，营造传播、弘扬工匠精神的浓郁氛围；将工匠精神融进具有自身特色的校园文化品牌建设中，提升学校的知名度和社会认可度；注重教师对工匠精神养成教育的言传身教，强化引领作用；从“思政课程”走向“课程思政”，转变“重技轻人”的功利主义价值取向，避免思政教育与专业教育脱节，将工匠精神融入高职教育教学的全过程；加强产教融合、校企合作，注重工匠精神的养成教育、体验教育和实践教育。最后，本书将以重庆电子工程职业学院为例，以环境氛围、文化载体、工学结合为契机，以课程思政教学改革等多种路径展开实践探索。

## 二、技术路线

本书通过文献、调研和访谈多种方式，了解工匠精神培育的文化传承、职业标准和时代诉求，确定选题的现实和理论依据；然后，开展工匠精神与思想政治教育的内在关联性研究，高职思政教育滋养工匠精神现状研究和文化引导下的工匠精神滋养体系的建构研究，实现理论与实证的统一，以及定性与定量的结合，进行高职思政教育滋养工匠精神的实践探索，构建高职思政教育滋养工匠精神的体系，其技术路线如图 1-1 所示。

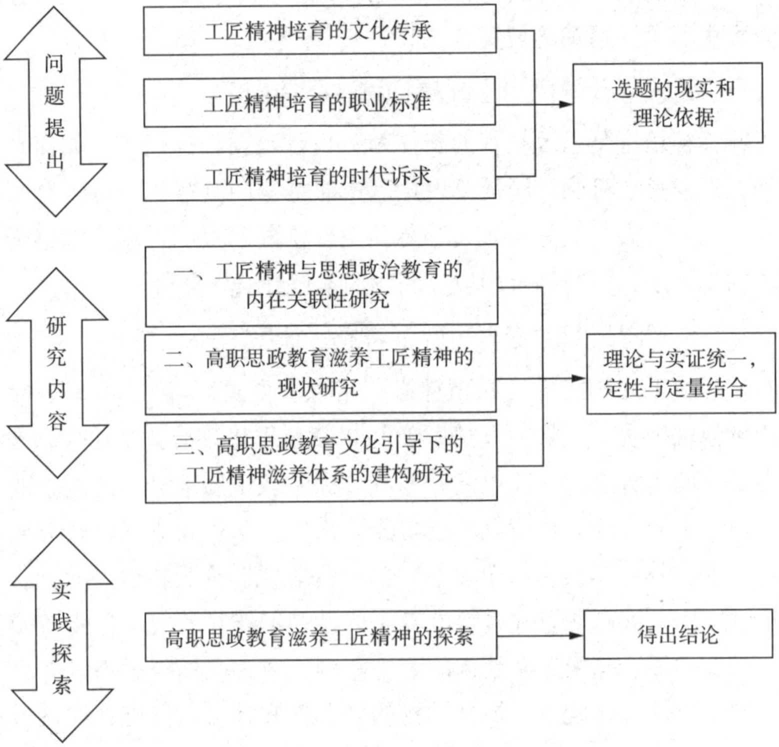


图 1-1　高职思政教育滋养工匠精神研究技术路线图

## 三、研究方法

本书采用多种研究方法来解释高职思政教育如何滋养工匠精神，研究方法具体包括文献分析法、问卷调查法以及深度访谈法。

### （一）文献分析法

文献分析法主要是指搜集、整理国内外与高职思政教育、工匠精神等相关的各类文献，并在研究和分析的基础上形成科学认识研究对象的方法，这是一种成本较低且有效的研究方法。事实上，文献分析法旨在为研究提供基础的、必要的信息，该方法有助于我们了解已有的相关研究，进而推陈出新。本书将主要参考以下文献：一是关于高职思政教育和工匠精神的相关文献；二是拟采用的理论工具，如马克思主义劳动观、社会主义核心价值观以及人本主义理论等。

（二）问卷调查法

问卷调查法是指通过制定详细周密的问卷，并要求被调查者据此进行回答以收集资料的方法。其中，问卷是为统计和调查所用的、以设问的方式表述问题的表格。本书在川渝不同地区不同类型的高职院校中抽取适量样本进行问卷调查，以获取比较全面可靠的第一手资料，从中区分和发现不同高职院校培育工匠精神的特色和差异，分析高职思政教育滋养工匠精神的现状以及制约因素等。

（三）深度访谈法

深度访谈法是质化研究中经常采用的资料收集方法之一。本书在对高职思政教育滋养工匠精神的现状进行分析时，与部分高职院校的管理者、教师和学生等进行了面对面的交谈。为达到比较全面和真实地了解高职思政教育滋养工匠精神的目的，笔者采用了半结构访谈法，其特点是：第一，访谈围绕高职思政教育、工匠精神等内容进行，提问的问题结构虽然松散，但有访谈重点；第二，访谈之前，事先拟订好访谈大纲以及访谈要点，并在访谈过程中及时发现新问题；第三，组织深度访谈，将群体访谈与个体面谈有机结合起来，以获取典型性数据。

## 第四节 研究内容的结构安排、理论工具

### 一、研究内容的结构安排

本书在探究高职思政教育滋养工匠精神现状的基础上，试图探究高职思政教育与工匠精神之间的融合机制，并进一步提炼出高职思政教育滋养工匠精神的实现路径。具体而言，本书依照“互动关系现状分析—体系构建”的思路设计研究内容，共分为8章，具体安排如下。

第一章为绪论。本章明确提出本书的研究问题，阐明研究背景与研究价值，并通过对国内外相关文献进行回顾，找到其理论解释上的不足，进而为研究理论的探索进行定位。在此基础上，提出研究的主要目标、研究

思路、研究方法以及研究结构等。

第二章为工匠精神与思政教育的功能及内在契合。本章从高职思政教育滋养工匠精神的主要研究问题和对象出发，对工匠精神、思政教育的内涵及其功能进行论述，并在此基础上，分析高职思政教育和工匠精神之间的内在关联性。

第三章为高职思政教育滋养工匠精神的制约因素。本章侧重于从环境层面、教师层面、课程层面以及实践层面等来探究影响高职思政教育滋养工匠精神的制约因素。

第四章为我国工匠精神的历史传承。本章从“我国工匠精神的历史溯源”“我国工匠精神的传承与发展”“我国工匠精神的当代创新”三方面介绍我国工匠精神的历史传承，认为新时代工匠精神强调的爱国主义情怀、敬业奉献精神、诚实守信品质与社会主义核心价值观的内涵是一致的。

第五章为工匠精神传承的国际借鉴。本章比较分析了德国、瑞士、日本、美国等制造业强国在工匠精神培育和传承方面的区别，归纳总结了这些国家在工匠精神培育和传承方面的成功经验。

第六章为职业教育系统培育工匠精神的学校模式。本章认为构建职业教育培育工匠精神的学校模式应以工匠精神内涵的充分解析为基础，结合职业教育的育人目标要求，重构职业院校人才培养目标，提出工匠型人才培养目标的具体要求。在工匠型人才培养目标的指导下，结合行业、企业、文化发展等要素判定职业院校工匠精神的培育内容，选择行之有效的培育方法。在培育完成后，对培育效果进行评估，查找问题，不断改进。

第七章对职业教育系统培养工匠精神的基本路径进行分析。本章认为无论是基于家族传承制的家庭职业教育，还是基于企业师徒制的企业职业教育，抑或是基于现代学徒制的学校职业教育，都需要在人才培养的过程中，逐步将工匠精神的价值观念贯穿于个体的日常学习、工作和生活中，探索出兼具特色与实效的工匠精神培育路径。

第八章为职业教育系统培育工匠精神的保障体系。本章认为工匠精神的培育不是一蹴而就的，需要从组织、政策、环境、经费等方面予以保障，并从人才体系构建、人才培养模式改革及师资、平台等方面加强技术技能人才培养体系建设，从而实现工匠精神培育的目标。

## 二、研究采用的主要理论工具

### （一）马克思主义劳动观

19 世纪，随着资本主义社会的迅速发展，生产社会化与资本主义私人占有制之间的矛盾越来越深，饱受苦难的无产阶级迫切地想寻找途径去改变自己的生活窘境，改变不合理的社会现象，解放自己。正是在这种背景下，马克思关于劳动的理论和学说得以诞生。事实上，马克思主义劳动观从创立、发展到最终形成科学的理论观点，并非一蹴而就的，而是一个循序渐进的过程。它是马克思、恩格斯在批判地继承古典哲学的异化理论、古典政治经济学的劳动观以及空想社会主义者的劳动观等理论的基础上，从唯物史观角度对劳动进行阐释的，从而全面把握劳动的丰富内涵和本质。

马克思主义劳动观的逻辑起点在于对劳动的相关界定。从哲学角度来看，马克思认为劳动是人类特有的基本的社会实践活动，人类利用工具改造自然物，使之适合自己的需要，同时改造自身的有目的的活动。从经济学角度来看，马克思强调劳动是人与自然之间的物质变换过程，是人类改造自然的物质活动，是满足人的需要、创造物质价值的活动。总的来说，马克思主义劳动观强调劳动是一种具有自觉性、创造性、目的性的人类活动。

马克思主义劳动观的基础在于劳动价值论，它剖析了生产劳动的两重性——具体劳动和抽象劳动，从而揭示了劳动与价值之间的关系以及剩余价值的来源。马克思主义劳动观的核心是异化劳动理论，它认为工资、利润和地租三种异化劳动反映了资本家、土地所有者以及工人之间的剥削与被剥削的关系，要想消灭这种关系，就要彻底消灭私有制和资本主义制度。马克思主义劳动观的精髓是自由自觉的劳动，它指出，劳动在共产主义社会的展望是使劳动摆脱盲目必然性而达到自由自觉的本性。

总的来说，马克思主义劳动观认为劳动创造人本身，劳动是人类生存的本质。劳动者的具体劳动创造使用价值，而撇开了具体劳动形式的抽象劳动，则是创造社会价值的唯一源泉。基于此，本书将紧密依托马克思主义劳动观，强调对劳动和劳动者的尊重，探索工匠精神的本质与时代内涵。

（二）社会主义核心价值观

党的十八大倡导富强、民主、文明、和谐，倡导自由、平等、公正、法治，倡导爱国、敬业、诚信、友善，积极培育和践行社会主义核心价值观。其中，富强、民主、文明、和谐是国家层面的价值目标；自由、平等、公正、法治是社会层面的价值取向；爱国、敬业、诚信、友善是公民个人层面的价值准则。党的十九大报告进一步指出，社会主义核心价值观是当代中国精神的集中体现，凝结着全体人民共同的价值追求。而工匠精神倡导爱岗敬业的职业精神、精益求精的品质精神、协作共进的团队精神、追求卓越的创新精神，这与社会主义核心价值观在价值理念、价值追求以及价值目标上高度一致，其中工匠精神所呈现出来的爱国、敬业、诚信、友善，是社会主义核心价值观在制造领域的生动实践。基于此，本研究以社会主义核心价值观为指导，强调工匠精神的培育本质上是价值观的培育。

（三）人本主义理论

人本主义最早可以追溯到欧洲文艺复兴和启蒙时期，它主要涵盖三方面的内容：一是培养人才的基础是要遵循人的潜能，二是强调人的价值和人格发展是重点，三是人的最终目标是追求自我实现和健康人格。之后，马斯洛和罗杰斯在20世纪六七十年代将人本主义的理论视角拓展到教学领域，成为当时美国盛行的教育理念。这种教育理念认为，只有充分实现人的全部潜能或全部人性价值的人才能最大限度满足社会的需求，其价值取向主要体现在尊严和能力、素质教育以及培养创新型人才等方面。在这种教育理念的指导下，学校教育的主要职能是在满足社会需要的过程中挖掘人的潜能，发挥人的潜能。基于此，本书将从人本主义理论出发，结合高职学生的特点，积极发挥学生在工匠精神养成教育、体验教育中的主体作用。

# 第二章　工匠精神与思政教育的功能及内在契合

工匠精神与思政教育相辅相成、融为一体。特别是工匠精神与思政教育中的人生观和价值观之间有着密切联系，这主要是因为工匠精神本身属于职业精神的范畴。工匠精神所包含的对职业一丝不苟、严谨务实、追求完美的工作态度以及敬业乐业的情感、乐于奉献的职业精神，在思政教育中能使学生深刻理解所从事职业的价值，感受所从事职业的乐趣。这些精神能够在思政教育中推动学生更好地在学习和工作中刻苦钻研、求真务实、勇于创新。工匠精神与思想政治教育的内在关联，为思政教育把握住主流意识提供了丰富的素材，激励学生树立正确的世界观、人生观和价值观，提升学生的职业道德。

## 第一节　工匠精神的内涵和教育功能

### 一、工匠精神的内涵

习近平总书记十分看重工匠精神，针对我国技能选手在第45届世界技能大赛上取得的佳绩作出重要指示，强调要在全社会弘扬精益求精的工匠精神，激励广大青年走技能成才、技能报国之路。在看望参与北京大兴国际机场建设和运营的工作人员代表时，总书记再次强调大兴国际机场体现了中国人民的雄心壮志和世界眼光、战略眼光，体现了民族精神和现代水平的“大国工匠”风范。近年来，在以习近平同志为核心的党中央的倡导下，大力弘扬工匠精神逐渐形成热潮。随着杭州全国首个“工匠日”的设立和上海市工人文化宫“上海工匠馆”的开馆，工匠精神再次成为全社会关注的热点。工匠们从不投机取巧，喜欢不断打磨自己的产品，对产品采取严格的制造和检测标准，不断地提升产品和服务，保证每一个部件的质量。真正的工匠在专业领域追求卓越、绝不停步，无论对材料、设计还是生产流程都精益求精，力争把一件事情做到完美极致，其精神实质蕴含了丰富的内涵。

### （一）我国传统文化意义上的工匠精神

在中国，“工匠”一词最早出现在春秋战国时期，即在社会分工中开始独立存在专门从事手工业的群体时就已经出现，此时工匠主要是指从事木匠工作的群体。随着历史的发展，东汉时期“工匠”一词的含义已经基本覆盖全体的手工业者。古代工匠是指手工艺人，传统中的工匠精神是指手工艺人对产品精雕细琢、精益求精的一种精神理念和敬业态度。梳理我国工匠精神的历史发展，大致可以总结为四个阶段：以注重“简约朴素、切磋琢磨”为特征的孕育阶段，以崇尚“以德为先、德艺兼修”为特征的产生阶段，以主张“心传体知、师徒相承”为特征的发展阶段，以提倡“开放包容、勇于创新”为特征的传承阶段。

富含优秀传统文化且历史悠久的中华民族手工业发展不仅成就了工匠们，更创造出了具有工匠精神的民族文化。工匠精神所包含的“积极探索”“精益求精”“爱岗敬业”“勇于创新”精神，是劳动者职业品质的继承与发展，是中华民族优秀传统文化的重要组成部分。

#### 1. 工匠精神表现为尊师重道

自古以来，我国就有“一日为师，终身为父”之说。在我国，技艺的传授大多是依靠言传身教的自然传承来完成的，这种传承也是过去工匠学习本领的主要形式。与此同时，学徒要学到本领，关键在于自己的才智、对这项技艺的悟性以及刻苦练习的程度，学徒应该尊重技艺，虚心求取技艺，刻苦琢磨技艺，才能真正学好技艺；学徒学习技艺，更要做到尊师重道。徒弟在学习过程中对待师傅的态度也成了学成技艺的关键性要素。只有恪守尊师重道的传统，工匠精神才能代代相传、发扬光大。

#### 2. 工匠精神表现为心灵手巧

巧，对于传统工匠具有重要意义。“巧”是工匠们的重要品德，人们通常会用“能工巧匠”“巧夺天工”“心灵手巧”“熟能生巧”之类的词语来表达对工匠的赞美。美轮美奂的建筑、精致柔顺的丝绸、精致细腻的陶瓷，以及数不清的发明创造，无不体现出古代中国工匠无比的智慧和对完美的不懈追求。2009 年，“一寸缂丝一寸金”的缂丝技术作为中国蚕桑丝织技艺入选世界非物质文化遗产。缂丝又名刻丝，是我国独特的丝织工艺制品，以千丝万缕成就丝绸艺术精华，制作工艺之巧可谓登峰造极。今天收藏于北京故宫博物院的《梅花寒鹊图》便是两宋时期著名缂丝艺术家沈子蕃的作品，被称为故宫的镇宫之宝。

3. 工匠精神表现为专心致志

时下，快节奏的工作步伐，在创造高效率的同时，也让许多人略显浮躁，很难静下心来琢磨一件事，更毋庸说耗时耗力终身只专注于一件事。与此相比，中国古代工匠则体现了更高的境界——心斋。他们心无旁骛，进入“无待”的境界，似老僧入定，凝心静气，将全副身心合于自然，如此方成就鬼斧神工之器物。他们这种淡泊名利、宁静致远、一丝不苟的精神，今天仍具有重要意义。

4. 工匠精神表现为勤奋进取

工匠大师们拥有高超技术，能在自己的专业领域内独树一帜，绝非一朝一夕之功。“师傅领进门，修行在个人”，过去的工匠们从学徒伊始，就要能忍受辛苦，闻鸡起舞，秉烛达旦，不断揣摩、深刻领悟师傅传授的技艺；同时还要锲而不舍，反复锤炼，可谓“匠”山有路勤为径，“技”海无涯苦作舟。著名京剧表演艺术家盖叫天先生被誉为“活武松”，他用一句话概括了自己的秘诀：练死了，演活了。为了练习圆睁双眼，他用火柴棍撑在上下眼皮之间；为了练成挺拔身姿，他走路时把削尖的竹子绑在腿弯处。舞台上光彩夺目的形象，背后是艺术家付出的无数的艰辛与磨砺。

5. 工匠精神表现为精益求精

崇尚严谨的作风，崇尚持之以恒的精神是中华民族的传统美德。工匠精神是中华民族传统文化的重要组成部分，《庄子》中的“庖丁解牛，技进乎道”，《尚书》中的“惟精惟一，允执厥中”，无一不体现了古代中国工匠们精雕细琢的精神风貌。中国古代工匠地位低微，生平事迹少见于典籍。欧阳修在《归田录》中记述了一位能工巧匠预浩的故事：“开宝寺塔在京师诸塔中最高，而制度甚精，都料匠预浩所造也。塔初成，望之不正而势倾西北。人怪而问之，浩曰：‘京师地平无山，而多西北风，吹之不百年，当正也。'" 欧阳修能以"其用心之精盖如此，国朝以来，木工一人而已"赞之，可见他对开宝寺塔建筑的惊叹，对工匠预浩匠心独运、精益求精的赞赏。

6. 工匠精神表现为敬业乐业

敬业，是专心于业，忠心于业。朱子说的"主一无适便是敬"，就是说专心致志做一件事，并且只忠于此，心无二用，便是敬。古今中外被称为匠人的无不是干一行、爱一行、钻一行，从一而终，花费大量时间与精力刻苦钻研技能，不断追求完美与极致。工匠精神蕴含的敬业精神，就是对于自己所从事职业的尊敬和忠心、有责任心，必将其做到极致。百年发展的"工匠世家"，既是产品流传百年的精湛技艺传承，更是几代人对于职业的强烈责任与专注坚守。工匠精神还包含乐业情感，孔子说"知之者不如好之者，好之者不如乐之者"。乐业是建立在敬业基础之上的，因为专心致志，便乐在其中，将职业做出"趣味"。乐业情感上升为乐业精神，就是对职业的坚定信念，执着奉献，并能从职业中收获荣誉感和幸福感。

7. 工匠精神表现为推陈出新

创新是指抛开旧的，创造新的。追求创新，是工匠精神的核心与灵魂。安于现状，就会止步不前，甚至故步自封。只有勤于思考，才能不断发现新的问题；只有不畏困难，敢于尝试用新的方法去解决问题，才能不断进取，推动新的进步，达到"青出于蓝而胜于蓝"的境界。工匠精神也体现了创造性思维的特质，它并不只是对手工操作技巧的简单模仿，更要求工匠们敢于别出心裁，不拘泥于旧形式。中华灿烂文明，孕育了无数能工巧匠，他们创新的产品令人叹为观止，他们孜孜以求的工匠精神更是令人肃然起敬。四大发明之一的活字印刷术，就是北宋时期的平民毕昇发明的。这位伟大发明家的创新令人叹服，更为推动文化的传播做出了杰出贡献。

（二）工匠精神的新时代内涵

在现代，"工匠"除了指传统的手工艺人外，还包括一线工人、技师及工程师等。新时代下的"工匠精神"内涵更为丰富，是所有从业人员的一种职业价值及行为表现，是他们在从业过程中对于职业的一种态度及精神理念。一般认为，工匠精神包括高超的技艺和精湛的技能，严谨细致、专注负责的工作态度，精雕细琢、精益求精的工作理念，以及对职业的认同感、责任感。但是，这只是对工匠精神一般意义上的理解，还缺乏对新时代中国工匠精神特殊性的研究。实际上，新时代的中国工匠精神，除了具有一般意义上工匠精神的内涵，还具有自身的特殊性：既是对中国传统工匠精神的继承和发扬，又是对外国工匠精神的学习借鉴；既是为适应我国现代化强国建设需要而产生的，又是劳动精神在新时代的一种新的实现形式，它与劳模精神、劳动精神构成一个完整的体系，成为激励广大职工实现中华民族伟大复兴中国梦的强大精神力量。十九大报告赋予了工匠精神新的时代内涵，概括起来就是爱岗敬业的职业精神、精益求精的品质精神、协作共进的团队精神、追求卓越的创新精神。其中，爱岗敬业的职业精神是基础，精益求精的品质精神是主导，协作共进的团队精神是保障，追求卓越的创新精神是灵魂。

1. 爱岗敬业的职业精神

爱岗敬业，是职业道德的操守，是忠于职守的事业精神。爱岗和敬业，相互依存，缺一不可，前者是后者的基石，后者则是前者的升华。具体而言，爱岗就是热爱自己的本职工作，将之视作事业，穷尽心力，奉献一生。爱岗，首先就要敬业。孔子称敬业为“执事敬”，朱熹把敬业解释为“专心致志，以事其业”。就是说，对待职业要有尊敬之心、敬畏之心，忠于职守，心无二致。爱岗，还要精业，就是要有“钉子精神”，爱一行便钻一行，成为行家里手、岗位先锋；爱岗，更要奉献，“蓝领专家”孔祥瑞、“大国工匠”许启金、“最美奋斗者”黄大年，无不以“春蚕到死丝方尽，蜡炬成灰泪始干”的精神，做出了奉献岗位的最好注解。在中国制造的背后，无数默默奉献的“大国工匠”，正是以蜡炬精神燃烧自己点亮国家，诠释了新时代工匠精神的根本内涵，那就是爱岗敬业、无私奉献的职业精神。

2. 精益求精的品质精神

《朱熹集注》里说：“言治骨角者，既切之而复磋之；治玉石者，既琢之而复磨之；治之已精，而益求其精也。”精益求精，由此成为追求极致的代名词。精益求精的品质精神，是工匠精神的核心。古往今来的工匠大师，无不身怀绝技，却永不停步，始终在追求卓越的山峰上攀登。“三百六十行，行行出状元”，在建设中国特色社会主义伟大事业的征程中，不同行业的劳动者通过对工艺或产品的精益求精，从技艺上悟“道”，以技艺报国，实现自己的人生价值。央视 2015 年推出的大型纪录片《大国工匠》，讲述了八位“大国工匠”匠心筑梦的故事。八双技艺精湛的能手在一刀一刻一丝一毫间，体现着对待自己工作的无比严格和挑剔。工匠精神体现在他们对细微之处的严谨处理上，体现在他们对自己产品的精雕细琢、努力提升品质的执着精神上，以及倡导质量至上、严谨认真、精益求精的作风上。他们是新时代建设者群体奉献报国的缩影，更是大国工匠精益求精品质精神的杰出代表。

3. 协作共进的团队精神

和传统工匠不同，现代工匠尤其是产业工人的生产方式早已不再是手工作坊，而是机器化大生产，每一个工匠所承担的工作环节，只是众多工序中的一小部分。因此，协作共进的团队精神是新时代工匠精神的明显特征。例如“复兴号”列车的生产，一节车厢就有 37 000 多道工序，这 37 000多道工序，一个人是不可能完成的，必须由车间或班组即团队协作来完成。团队需要的是协作共进，而不是各自为战。因此，协作共进的团队精神是现代工匠精神的保障。协作，就是团队成员的分工合作；共进，就是团队成员的共同努力、共同进步。

4. 追求卓越的创新精神

和协作共进的团队精神一样，追求卓越的创新精神也是新时代工匠精神的内涵之一，甚至是新时代工匠精神的灵魂。传统的工匠精神强调的是继承，祖传父、父传子、子传孙，是传统工匠传承的一种主要方式，而新时代的工匠精神则强调的是在继承基础上的创新。因为只有在继承基础上的创新，才能跟上时代前进的步伐，推动产品的升级换代，以满足社会发展和广大人民日益增长的对美好生活的需要。有无追求卓越的创新精神，是判断劳动者能否被称为新时代工匠的一个重要标准。

## 二、工匠精神的教育功能

思政教育作为一种实践活动，主要是为了增强受教育者的思想意识。随着时代的不断向前发展，工匠精神并没有过时，反而历久弥新，坚定了一代又一代人的理想信念，让他们不断克服重重困难，为实现人生价值和中华民族的伟大复兴树立坚定的信仰。从学术层面来看，学者们普遍认为工匠精神的基础是敬业精神，核心是创新精神。宣扬工匠精神可以为思想政治教育工作者的工作提供指导，工匠精神蕴含的思政教育功能对于当代青年树立正确的择业就业观念、浓厚的职业情感和优良的职业作风也具有重要意义。同时，工匠精神作为一种意识形态，对思政教育有着特定的功能。工匠精神内涵丰富，对于社会发展具有重要意义，作为一种优秀的文化资源，其意义主要体现在教育功能上。

（一）丰富优秀传统文化

中华优秀传统文化，是社会主义文化强国的血脉和筋骨，是国家文化软实力的起源和根基，是中华民族文化自信的初心、底气和定力。工匠精神是民族传统文化与国家文化的重要组成部分，是中国历史文脉的基因。工匠精神在中国历经五千多年的发展，所累积的成果是中华文明的灿烂与辉煌，是中国工艺在世界文化多样性中最具国家文化意义的特征与代表。从陶器到玉器，从四大发明到《清明上河图》，中华民族早期文化所表现出的创造精神与精湛工艺，开启了中华文明的先河，并在提升、丰富中使之传续与发展。一部中华文明史凝聚了历朝历代工匠们的智慧和创造。

（二）弘扬敬业乐业精神

近代著名思想家梁启超说道："一个人对于自己的职业不敬，从学理方面说，便是亵渎职业之神圣；从事实方面说，一定把事情做糟了，结果自己害自己。所以敬业主义，于人生最为必要，又于人生最为有利。"在科学技术日新月异的今天，用人单位对劳动者的素质要求越来越高，与此同时，许多年轻人的心态却越来越浮躁。据我国人力资源和社会保障部统计，2020 年全国的高校毕业生人数高达 874 万，在问卷调查中多数大学生表示对所学专业不满意，对未来的发展方向表示迷茫。而在已工作的大学毕业生中，超过 30% 的劳动者因为对现状的不满而频繁跳槽。人才资源的流动，虽然在一定程度上有利于促进社会发展和进步，但是从业者频繁转换职业，侧面反映了浮躁的社会心理。许多工作并非一蹴而就，需要劳动者潜心钻研，才能收获成功。纵观古今，凡是在工作领域做出成绩的，无不是敬业奉献的典型。工匠精神蕴含的敬业乐业态度，对引导当前大学生树立正确的职业观具有重要意义。2018 年"大国工匠年度人物"中最年轻的陈行行只有 29 岁，是中国工程物理研究院机械制造工艺研究所加工中心的一名操作工。他能在全国众多杰出候选人中脱颖而出，荣登“大国工匠年度人物”，足可见其技能之强、贡献之伟。陈行行毕业于高职院校，凭着勤奋与对职业的热爱，坚守在平凡的岗位上，终于练就精湛技能，报效祖国。“投身国防，扎根岗位，技能成就人生，学习创造未来。”陈行行实践了自己立下的人生信条，他的成功之路所蕴含的敬业乐业的工匠精神，无疑对当代大学生具有深刻的启示作用。

（三）引领严谨求精作风

《礼记·月令》记载：“物勒工名，以考其诚，功有不当，必行其罪，以穷其情。”“物勒工名”制度的出现促使工匠在生产制作过程中尽心尽力、精雕细琢，对提高手工业产品质量有重要意义。这一质量考核制度催生出无数优秀的工匠大师，使众多经典作品流芳百世，更为我们留下珍贵的非物质文化遗产。2015 年 9 月 25 日，北京故宫博物院举办“故宫博物院文物保护修复技艺特展”，首次为世人揭开了文物修复技术工作的神秘面纱。2016 年年底，一部以工匠修复师为主角的纪录片《我在故宫修文物》更是火遍大江南北。工匠修复师们运用“古法”加“今术”，保护了珍贵的有形文化遗产，更向我们展示了精彩绝伦的文物保护与修复这一传统技艺。工匠修复师们的一双双巧手，诠释着精益求精的工匠精神，也推动了我国文化强国建设事业的不断发展。

（四）倡导勤学创新品质

工匠精神强调专注、坚持甚至是执着、痴迷，但这并不意味着工匠精神是墨守成规、故步自封的，它在追求极致的境界中蕴含着不断创新的动力。比如，我国古建筑中首次采用榫卯结构的杰作“鲁班锁”，就是传统手工艺品中严谨且富有创新意识的代表作品。“江山代有才人出”，步入新时代的中国正在奔向技术强国的快车道，各行各业的劳动者在科技领域中大胆探索，诠释了新时代的工匠精神。中国宝武集团宝钢股份热轧厂钳工、高级技师王军的一项技术革新，一年就节省了一个西湖的水量；许启金是国网安徽省电力有限公司宿州供电公司输电运检室带电作业班班长，他勤于学习创新，带领团队研发了 54 项科研成果，获得了 41 项技术专利。年轻一代，不仅仅需要传承老一代工匠大师的技术，更需要激发自身的创新活力，引领“中国制造”真正走向“中国智造”。

# 第二节　思政教育的主要功能

## 一、意识形态功能

从本质和内容方面来看，思政教育具有鲜明的意识形态性。马克思主义认为，事物的本质即事物的根本性质，是事物本身所固有的，对事物的发展起着决定作用。

### （一）坚持为巩固和发展中国特色社会主义制度服务

进入新的历史时期，党面临着非常严峻的考验：一方面来自内部，党能否经受长期执政、市场经济的考验，党员干部能否坚定理想信念，不受资产阶级思想以及错误价值观、人生观的侵蚀；另一方面来自外部，西方敌对势力妄图“和平演变”、颠覆我国社会主义制度的图谋始终未变，甚至披上了更为隐蔽的外衣。这决定了意识形态领域的斗争绝不可松懈，思政教育工作决不能掉以轻心。

高校肩负着培养中国特色社会主义事业建设者和接班人的重要使命，思政教育的核心任务就是要向受教育者传播中国共产党的路线方针政策，包括马克思主义指导思想、党史国史、中国特色社会主义共同理想、社会主义核心价值体系等。高校应充分发挥思政教育的价值导向功能，积极阐明党和国家的各项方针政策，引导教育对象的思想，以提高其认识，规范其行为，促使受教育者保持坚定正确的政治方向；通过系统、全面、连续地对受教育者施加价值观念的影响，培养其正确的价值观，确保中国共产党的事业后继有人，确保中国特色社会主义事业代代相传。当前，我国进入了新的历史发展阶段，改革开放也进入了攻坚期。面对纷繁复杂的国际形势，意识形态领域暗潮涌动，各种非马克思主义思潮甚嚣尘上，更有针对我国的别具用心的煽动和瓦解企图。回顾世界社会主义发展历史，苏联解体、东欧剧变犹在眼前，教训深刻。高校思政教育任重道远，必须牢牢坚守思想阵地，理直气壮地发出主流意识形态的声音；教育引导当代大学生辨别错误、分清是非，坚定马克思主义理想信念，坚定跟党走的信心和决心。

（二）坚持为人民服务

思政教育的方式、方法、途径、手段等是多种多样的，但最基本的只有一条，就是要把思想工作渗透到为人民服务的各项工作之中。只有坚持这一条，思想工作才具有生命力，才能真正深入人心，收到成效。首先，思想工作的内容是宣传马克思列宁主义、毛泽东思想、邓小平理论、“三个代表”重要思想、科学发展观、习近平新时代中国特色社会主义思想等科学理论，是加强对广大群众的马克思主义世界观、人生观和价值观的教育。广大党员干部必须身体力行，坚持用马克思主义理论武装自己，才能做好群众的思想政治工作。其次，思想政治工作本质上是群众工作，必须坚持走群众路线。走群众路线就是要有群众观点，对人民群众有深厚的感情，向人民群众学习，尊重人民群众的首创精神，为人民群众服务。思想工作必须“走实”而非“务虚”，必须切实深入人民群众，想群众所想，急群众所急，为群众办实事，做群众的贴心人。只有把思想工作融入诚心诚意地为人民服务的每一项工作中，才能真正吸引群众，打动群众，使群众信服；而马克思主义这类深刻的理论，社会主义、共产主义这样抽象的理想信念就会在为群众办实事中化为具体、形象、生动的东西。现阶段改革开放形势的发展，要求共产党人牢记全心全意为人民服务的初心，继续带领人民群众加快社会主义现代化建设。广大党员干部应顺应这一时代发展潮流，大力弘扬为人民服务这一时代精神，全心全意为人民谋幸福，为国家谋富强，为社会谋发展。

近百年来，我党形成了具有鲜明特色的思想政治教育优良传统。其中，全党动手、齐抓共管、形成合力，用马克思主义和党的路线方针政策武装人的头脑，实事求是，一切从实际出发，理论联系实际，尊重人民群众的主体地位，党员干部以身作则等，对于实现“两个一百年”奋斗目标，实现中华民族伟大复兴梦，具有重要的当代价值和现实意义。

（三）坚持为改革开放和社会主义现代化建设服务

总体而言，我国高等教育肩负着培养德智体美劳全面发展的社会主义事业建设者和接班人的重大任务。“德”的要义包括政治思想、道德素质；“智”就是智慧开发，即探求真理的求知能力；“体”就是健全的体魄；“美”的核心就是追求和谐美好，培养学生鉴别真善美与假恶丑的能力；

“劳”即生产实践教育。思政教育要紧紧围绕培养中国特色社会主义事业合格建设者和可靠接班人这一核心任务，坚持人才培养的正确政治方向，切实把德才兼备、全面发展作为人才培养的根本标准。

新中国成立70多年以来，我国的社会主义建设取得了巨大的成绩，综合国力大幅提升，中国技术、中国制造正日益成为闪亮的名片。而在经济全球化的大背景下，日趋激烈的国际竞争，说到底是科学技术的竞争，是知识的竞争，是人才资源的竞争。中国的未来发展，中华民族的伟大复兴，归根结底必须依靠人才，而人才培养的基础在于教育。大力发展教育事业，是发挥我国人力资源优势、建设创新型国家、加快推进社会主义现代化的必然选择。

早在1983年，邓小平同志就明确提出：“教育要面向现代化，面向世界，面向未来。”三个面向，自此成为我国教育发展的战略导向。1993年2月，中共中央、国务院印发的《中国教育改革和发展纲要》中，再一次强调要坚持教育的“三个面向”，以“更好地为社会主义现代化建设服务”。如果说百年大计教育为本，那么教育大计德育为先。教育的三个面向，“面向现代化”是核心，“面向未来”是根本，落脚点都是立德树人。教育要面向现代化，面向世界，面向未来，必须根植于中国大地，坚持正确的办学方向，着眼于为中国特色的社会主义现代化建设事业培养千千万万高素质的人才，从根本上解决“为谁培养人，培养什么人，如何培养人”的重要问题。

## 二、文化功能

1978年，我国开始全面推行改革开放。一时间，国内外各种文化思潮发生碰撞，人们的精神面貌、思想观念乃至社会各个层面的发展，都受到重大影响。人们的行为也随之改变，我国社会主义文化建设被提上日程，因此，思政教育的文化功能开始得到人们的重视。尤其是对于传统文化的态度，自20世纪80年代，开始走向理性和客观。

继党的十七届六中全会提出“建设中华优秀传统文化的传承体系”后，党的十八大和十八届三中全会进一步明确了中华优秀传统文化在当下社会建设中的重要作用，十八届五中全会再次强调要落实构建我国优秀传统文化传承体系。党的十九大报告更是提出了新时代文化建设的基本方略。思政教育承担着传播马克思主义意识形态主流文化的使命，也应担负起传承民族优秀传统文化的职责。马克思主义不是历史虚无主义，社会主义文化也不是凭空产生的。社会主义核心价值观的许多理念，深深根植于中华优秀传统文化。因此，我们一方面要紧跟文化发展步伐，借鉴世界优秀文明成果；另一方面更要传承民族文化的优秀基因。基于此，只有深入探究发挥思政教育文化传承功能的相关理论与实践活动，才能更好地为人的全面发展、先进文化的建设及和谐社会的构建服务。

思政教育开端于思想教育过程，实质上就是“文化化人”的过程，旨在通过文化延续、文化介入、文化陶冶、文化浸润、文化革新、文化自觉等方式，借助于多种形式的思想政治教育的载体，同时通过师生参加喜闻乐见的活动，春风化雨润物无声，促使社会主义核心价值体系的要求、道德规范、社会准绳内化为师生的思想素质，外化为师生的自愿行为，通过师生鉴别、传习、交流、创新，充实内心、洁净精神、升华境界，最终促进文化主体的知、情、信、意、行等多方面协调发展，实现文化主体人格的健全、稳定和提升，实现对文化主体的教化和教育的目标。

### （一）传承和弘扬民族优秀文化

每一个民族都有自己独特的文化，正如习近平总书记所言，各民族文化没有高低贵贱之分，只有姹紫嫣红之别。文化，是一个民族的灵魂与血脉，民族的繁荣与发展本质上和文化的传承与发展一脉相承。人类历史上的四大文明古国，迄今为止文化没有断流的唯有中国。中华五千年文化生生不息，推动着中华民族生生不息，战胜各种艰难险阻，屹立于世界民族之林。在实现中华民族伟大复兴的前夜，我们更需要从中华优秀传统文化的深厚积淀中汲取智慧和力量。百年大计教育为本。传承和弘扬中华优秀传统文化，增强文化自信，汇聚中国精神与核心价值，使每一位受教育者明白“我们从哪里来，要到哪里去”，是新时代思政教育肩负的重要使命。

思政教育总是把本民族最本质、最具特色和风格的优秀精神文化作为传承重点。中华民族在筚路蓝缕的漫漫征程中，形成的“天下为公”的理想、“厚德载物”的包容、“自强不息”的韧劲，组成了独一无二的文化内核——中国精神。沿着历史长河漫步，我们会看到中国精神的源远流长：远古时期“夸父追日”“大禹治水”，这是不屈不挠的精神；战国时期屈原“路漫漫其修远兮，吾将上下而求索”，宋代范仲淹“先天下之忧而忧，后天下之乐而乐”，这是爱国忧民的精神；近代林则徐禁烟、戊戌变法、辛亥革命，这是救国图强的精神；新民主主义革命时期产生了井冈山精神、长征精神、抗日精神等；社会主义革命和建设时期形成了雷锋精神、“两弹一星”精神、抗震救灾精神、载人航天精神、女排精神等。中国精神从中华五千年文化中走来，走过了汉唐盛世的繁华，也历经了近代中国的屈辱与顽强抗争，穿越历史的沧桑，历久弥新历久弥坚，始终激励着中华儿女奋勇向前。

2013 年 3 月 17 日，习近平总书记在十二届全国人大一次会议上讲话时说：“实现中国梦必须弘扬中国精神。这就是以爱国主义为核心的民族精神，以改革创新为核心的时代精神。”因此，新时代思政教育的重要职责之一，就是传承和弘扬中国精神，这关系着中华文明的延续，更决定着中华民族的未来。思政教育要通过各种有效媒介，成为中国精神的讲述者、传播者，一方面通过发掘和讲述经典古籍、名人志士、历史遗迹的爱国精神，传播爱国力量，厚植爱国情怀，激发大学生“怀爱国情、立报国志、行爱国事”；另一方面通过讲述与传播，激活传统文化的优秀基因，秉承中华民族自强不息的民族精神，书写锐意进取的时代精神。时代精神是在新的历史条件下形成和发展的，体现民族特质并顺应时代潮流的思想观念、行为方式、价值取向、精神风貌和社会风尚的总和，是一种对社会发展具有积极影响和推动作用的集体意识。改革开放 40 多年来，中国共产党带领人民在继承和弘扬伟大民族精神的基础上，立足新的时代条件，形成了以改革创新为核心的时代精神。

### （二）培育和践行社会主义核心价值观

每一个时代都有自己的核心价值。中华文化博大精深，在历史的长河中不断汇聚，随着历史的变迁体现出鲜明的时代特色。思政教育总是把当代最符合社会主体发展需要的、最具有代表性和先进性的核心价值的文化精神作为传承核心和践行方向。党的十八大以来，以习近平同志为核心的党中央适时提出的弘扬中华优秀传统文化，实现传统文化“创造性转化”和“创新性发展”，给新时代高校思政教育指明了发展方向。高校思政教育以马克思主义理论为根本遵循，以习近平新时代中国特色社会主义思想引领文化方向，秉承优秀传统文化的深厚积淀，以“富强、民主、文明、和谐、自由、平等、公正、法治、爱国、敬业、诚信、友善”的社会主义核心价值观为主体内容，通过思想理论课主渠道和丰富多样的校园文化活动，促使社会主义核心价值观大众化，内化于心，外化于行，最终实现立德树人的根本目的。

### （三）引领和促进社会进步与创新

思政教育的文化功能，除了文化传承和文化引领以外，还体现在文化创新性上。思政教育的文化创新性，一方面是指思政教育本身是文化创新的主渠道和主阵地，通过培养大批创新型人才，推动社会的进步和发展，正所谓“江山代有才人出，各领风骚数百年”；另一方面是指思政教育通过本身的内容、形式、方法、渠道、手段、载体等方面的不断创新，可使受教育者生成新的思想、新的观念、新的灵感和新的创造。

## 三、新时代思政教育的新使命

在高校思政教育视域下，弘扬劳模精神和工匠精神与大学生社会主义核心价值观的培育具有高度的契合性和一致性。因此，大力培育和弘扬工匠精神，是增强高校思政教育工作时代感和实效性、培育和弘扬社会主义核心价值观、促进大学生成长成才的有效途径。

### （一）坚持价值引领，把工匠精神培育纳入思政教育大系统

习近平总书记指出：“一种价值观要真正发挥作用，必须融入社会生活，让人们在实践中感知它、领悟它。”社会主义核心价值观的践行只有和实践联系起来，才能增强其实效性和说服力。工匠精神是社会主义核心价值观的具体化，它不仅与中华优秀传统文化、西方手工业文化相联系，同时还通过大量优秀的中外“匠人”落地生根，并通过匠心独运的手工艺产品得以生动展示。工匠精神丰富的内涵，使思政教育更加具有感召力和生命力，是创新高校思政教育的有效途径，能够更好地落细、落小和落实社会主义核心价值观。一方面，工匠精神为创新新时代思政教育理论课教学方法的探索提供了素材和思路，是使思政教育理论课的内容落地扎根、有血有肉的有效载体，能够更好地发挥思想理论课作为大学生思政教育主渠道的作用；另一方面，工匠精神也有助于创新思政教育方法，如榜样引领是培养大学生社会主义核心价值观的有效方式，榜样具有一种内在的召唤力量，可以吸引大学生模仿和学习其行为和品德。例如中国劳动关系学

院在“工匠精神进校园、进课堂”的思政课改革探索中总结出的“211 模式”，就是由一位劳模和一位教师联袂授课，展现劳模们在我国某一行业或领域所做出的杰出贡献以及他们的奉献与创造精神这样一个主题，实现坚定大学生“四个自信”、提升思想素质、践行社会主义核心价值观的目标。“211 模式”为中国劳动关系学院实现“政治素质过硬、劳动情怀深厚、专业功底扎实、实践能力突出的高素质应用型人才”的人才培养目标提供了有力支撑。

### （二）提升职业素养，把工匠精神培育融入高素质人才培养全过程

工匠精神蕴含着个体角色对“极致追求”的社会责任，其本质已经超越了“工”的范畴，不是某一职业、某一行业需要具备的精神，而是各行各业、每个个体都应该具有的职业素养，如习近平总书记就曾要求“领导干部对待工作也要有‘工匠精神’，善于在精细中出彩”。同理，工匠精神也是各类高校、各个专业的大学生都要努力学好的必修课。高校不仅要培养学生的专业知识，也要培养学生精益求精、敬业守信、勇于创新的职业态度，要把工匠精神贯穿到专业课程的教学中，从企业、行业、专业发展的角度，帮助学生理解精益求精、勇于创新是提升专业知识、技能和素养的必备条件，潜移默化地引导学生职业素养的养成。工匠精神也要和实践教育相融合。高校要加大实践教学的比重，加强理论与实践的密切联系，积极推进产教融合。在实训过程中，学生以“学徒”身份跟随老师，以“准员工”的角色进行真实的操作或工作，有意识地培养自己的专业意识、责任意识和创新意识，品味工匠精神的内涵，最终使工匠精神内化于心，外化于行，落实在正确的劳动观和就业观中。

### （三）推崇特色文化，把工匠精神培育植入校园文化建设大工程

我们常常将学生比喻为祖国的花朵，如果说学校是栽培花朵的土壤，那么文化就是肥沃土壤、滋养幼苗的根本。“高校的校园文化建设要以建设优良的校风、教风、学风为核心，为大学生的健康成长提供良好的环境和氛围。”在建设高校校园文化的过程中，坚持以社会主义核心价值观为统领，大力培育和弘扬工匠精神，树立劳动光荣、工匠光荣的价值导向，营造崇尚创新、追求卓越的校园文化具有重大意义。

高校应结合自身历史发展，结合行业特点、专业布局等，打造特色校

园文化，通过以丰富活动内容为平台、以调动学生参与为主体、以构建制度建设为保障，为大学生培育和弘扬工匠精神提供强有力的支撑。一是加强舆论引导。积极依托“两微一端”等新媒体，以文章、视频、漫画等多种形式，宣传工匠精神，讲好劳模工匠故事，引导大学生理解“劳模精神”“工匠精神”的新时代内涵。二是突出示范引领作用。如充分发掘本地本行业劳动模范、“大国工匠”和本校优秀教职工及大学生朋辈榜样的先进事迹，利用班级活动、党团组织、社团工作等载体广泛传播，形成示范引领效应。三是强化职业素质教育。例如举办文化大讲堂，邀请本地劳模、工匠大师开展事迹报告会，带动劳模精神、工匠精神学习氛围；或者聘请劳模、工匠担任联合导师，指导学生开展专业实训和技能训练，提高学生专业动手能力，培育职业情感，增强品质意识。

### （四）坚持精准创新，使工匠精神培育成为师德师风建设新内容

习近平总书记指出：“广大教师要做学生锤炼品格的引路人，做学生学习知识的引路人，做学生创新思维的引路人，做学生奉献祖国的引路人。”教师的专业水准有多高，学生的专业素养才可能有多高；教师的思想认识有多深，学生的思想认识才可能达到多深；教师的视野有多宽，学生的视野才可能有多广。大学生工匠精神的培育，同样需要教师作为引路人。工匠精神教育，应成为高校教师师德师风建设的题中应有之义。

第一，遵循“四有”要求，鞭策广大教师筑牢“匠魂”。教师的“匠魂”，就是品德。古人说：“才者，德之资也；德者，才之帅也。”可见，德是才的根基。师德，是人师的灵魂，只有具备了高尚的师德，才高八斗才能培育出国家栋梁；反之，虽才华横溢却无品行，轻者误人子弟，重者危害社会。因此，修炼师德，筑牢“匠魂”，是教师工匠精神教育的首要之义。

第二，坚持职业理念，引导广大教师坚守“匠情”。教师是最光辉的职业，育人是最根本的职责，教师的“匠情”，就是应当牢固树立职业情怀，爱岗敬业。“择一业，终一生”，不为繁华所惑，不为浮躁所扰，宁心静气、足履实地；坚守教书育人职责，以师德为熏陶，以身正为表率，用追求完美的精益求精的工匠精神去培养人、关心人、教育人。

第三，坚持以生为本，促进广大教师勤习“匠能”。社会的发展日新月异，教师也必须与时俱进，自觉践行工匠精神，不断提升教学科研专业

水平和信息技术素养，努力成为新时代的“教书匠”。当前，全国职业院校教师职业能力大赛已经成功举办了几届，为广大职业院校教师切磋技能提供了很好的交流平台，也促进了教师整体教学水平的提高。

第四，遵循教育内在规律，推动广大教师常怀“匠心”。古人强调“运用之妙，存乎一心”，意即匠心独运，指的是巧妙的构思、精细的设计，本质上就是要追求创新。教学同样是一门艺术，需要高超的手法，才能牢牢吸引学生，使学生在接受知识的同时如沐春风，达到事半功倍之效。

## 第三节　工匠精神与思政教育的内在契合

工匠精神与思政教育看似属于两个不同范畴，实际上二者存在高度的内在关联性。职业院校大力培育工匠精神，既是人才培养目标的必然要求，更拓宽了思政教育的路径，丰富了内容，提高了针对性和实效性。

### 一、实现立德树人目标层面的契合

人无德不立，国无德不兴。毛泽东同志早在 1957 年就指出：“我们的教育方针，应该使受教育者在德育、智育、体育几方面都得到发展，成为有社会主义觉悟的有文化的劳动者。”此后，党的教育方针不断丰富、发展。十七大报告提出“坚持育人为本、德育为先，实施素质教育，提高教育现代化水平，培养德智体美全面发展的社会主义建设者和接班人，办好人民满意的教育”，首次提出了“育人为本、德育为先”；十八大报告则进一步强调把立德树人作为教育的根本任务，培养造就中国特色社会主义事业的建设者和接班人，将立德树人的定位置于全面发展之上。如何落实立德树人这一根本任务？习近平总书记在全国高校思想工作会议上指出，高校思想工作关系到高校培养什么样的人、如何培养人以及为谁培养人这个根本问题；要坚持把立德树人作为中心环节，把思想工作贯穿于教育教学全过程，实现全程育人、全方位育人。

高等职业教育的培养目标是高素质的社会主义劳动者和技术技能人才。党的十九大报告指出：“要全面贯彻党的教育方针，落实立德树人根本任务，发展素质教育，推进教育公平，培养德智体美全面发展的社会主义建设者和接班人。”同时提出，“建设知识型、技能型、创新型劳动者大军，弘扬劳模精神和工匠精神，营造劳动光荣的社会风尚和精益求精的敬业风气。”因此，立德树人是职业教育的出发点，大力培育工匠精神正是职业教育落实立德树人根本任务的重要内容，也为高职院校的思政教育工作开辟了新的途径。

## 二、践行社会主义核心价值观层面的契合

培育和践行社会主义核心价值观是高校思政教育的重要任务。党的十八大明确了社会主义核心价值观的主要内容：富强、民主、文明、和谐、自由、平等、公正、法治、爱国、敬业、诚信、友善。党的十九大报告指出：“社会主义核心价值观是当代中国精神的集中体现，凝结着全体人民共同的价值追求。”无论是对公民敬业、诚信等基本道德素质的要求，还是对国家富强、文明、和谐等美好目标的追求，都与工匠精神有着内在的一致性。从内容来看，工匠精神所包含的敬业乐业、精益求精是社会主义核心价值观在公民个人层面的体现，具有正确的方向引领作用和价值导向功能。从过程来看，国家富强、民族振兴和社会进步都离不开具体的劳动实践，需要广大劳动者自觉秉承和践行工匠精神，积极进取、不懈奋斗、踏实肯干。从结果来看，无论是古代的都江堰水利工程还是今世的长江三峡水利枢纽，无论是古代的四大发明还是现代的高科技，无一例外都是劳动创造了价值，促进了社会的进步与发展。因此，培育与弘扬工匠精神，有利于形成尊重劳动、崇尚劳动、劳动光荣的社会风尚，也有利于增强人们对社会主义核心价值观的情感认同和践行认同。

以党的十一届三中全会为转折点，我国全面推行改革开放基本国策，确立了以经济建设为中心的基本路线。经过40多年的发展，我国驶入了经济增长的快车道，取得了举世瞩目的成就，人民的生活水平显著提高，综合国力明显提升，国际话语权与日俱增。然而，在这些伟大成就的背后，经济高速发展和社会领域深刻变革也不可避免地带来了许多新问题，最主要的表现就是市场经济对于人们思想认识的影响。一些人在物质利益面前，开始变得急功近利，甚至见利忘义，放弃个人道德信仰，完全沦为资本的附庸，唯利是图。党和国家在改革的关键期和攻坚期弘扬工匠精神，

不仅仅是我国生产发展的需要，也是为了能更好地增强思政教育的思想凝聚功能。工匠精神的弘扬，能团结各行各业的力量，产生积极的导向作用，让广大劳动者自觉将“小我”融入“大我”，坚定不移地为中国发展作出贡献。

经济全球化已经成为世界经济发展的主要趋势，伴随着经济联系的日益紧密，各种文化思潮也纷至沓来，我国的主流思想文化也不可避免地受到其他文化的冲击。这种文化冲击对于高校影响甚巨。青年学生思想活跃，接受新事物快，但是政治辨别力比较弱；而西方资本主义国家对我国意识形态领域的渗透时刻未停歇，“颜色革命”的斗争激流暗涌。西方国家的武器不再是枪炮，而是各种腐朽的思想和价值观，面对这种“和平演变”的态势，迫切需要党和政府作出应对。大力倡导工匠精神，弘扬劳动至上、劳动光荣，既是对社会主义核心价值观的具体阐发，也是对我国主流思想的积极宣扬，还能在推动我国经济发展的同时，凝聚社会精神共识，引导人民群众尤其是广大青年学生坚定理想信念，砥砺强国之志，实践报国之行。

## 三、弘扬传统文化层面的契合

中华传统文化绵延千年，是中华民族的精神之源，也是社会主义先进文化的重要组成部分。思政教育担负着塑造美好心灵、升华精神境界、激发创造活力等重要使命，在建设社会主义先进文化中发挥着重要作用。弘扬传统文化，离不开工匠精神的传承，更离不开思政教育的传播与实践。

### （一）传承工匠精神对弘扬传统文化的导向作用

中华传统文化历来尊崇精神的力量，爱国主义精神、集体主义精神不断激励中华儿女奋勇向前，贯穿于民族独立、人民解放和国家富强的历史进程。工匠精神的坚持、专注、一丝不苟、精益求精等职业要求，充分体现了传统文化中磨炼意志品格、坚定行为操守等道德规范的重要性。工匠精神是民族精神和时代精神的统一，其所蕴含的敬业乐业、精益求精的精神传统，正是以爱国主义为核心的民族精神的传承；其包含的不断进取、勇于创新的奋斗精神更是中国特色社会主义建设征程中以改革开放为核心的时代精神的体现。

思政教育承担着传承与传播民族精神的责任，担负着培养具有时代精神的人才的使命。工匠精神作为优秀的民族精神和时代精神，融入思政教育之中有利于民族精神的传承和时代精神的弘扬。同时，工匠精神作为优秀的民族精神和时代精神，本身具有认知导向的功能，这与思政教育的功能如出一辙，将更好地发挥思政教育弘扬民族精神与时代精神的作用和职责。

（二）对弘扬传统文化的发掘作用

传统文化博大精深，给我们留下了宝贵的精神财富。然而，在思政教育中弘扬传统文化，并不意味着全盘继承。我们必须以历史的辩证的眼光，“取其精华，去其糟粕”，对传统文化中具有积极意义的思想进行发掘与继承，要把传统文化改造成为与当代社会相适应、与现代文明相协调、兼具民族性和时代性的新文化。

中华民族悠远的历史发展进程，在孕育了灿烂农耕文明的同时，也衍生出影响深远的小农意识。这种小农意识在我们的传统文化中刻下了深深烙印。春秋时期管仲提出“四民分业，士农工商”，“士”居首位，“万般皆下品，唯有读书高”的思想引领着士“居庙堂之高”“治国平天下”；匠人的地位仅仅高于“商”，属于社会末流。优秀匠人们鬼斧神工的技艺，也被冠以“奇技淫巧”，并不为社会所推崇。因为我国千百年来沿袭的传统是“学而优则仕”，以至于当今社会出现一个怪现象：一边是工厂企业招工难，一边是成批大学生就业难。大学生们向往轻松安逸的工作，同时也觉得就业岗位应该与“满腹诗书”的自己相匹配，因而不愿意到生产一线工作，这一矛盾显然与传统文化“重士”的价值取向不无关系。在思政教育中弘扬工匠精神，正是要倡导爱岗敬业，注重生产实践，形成尊重劳动、劳动光荣的社会氛围；激励青年学子通过实践去实现自我价值，坚定本专业的职业认同，增强专业自豪感，积极投身于本专业的发展，为中国特色社会主义事业添砖加瓦。

（三）对培育文化自信的促进作用

文化自信是一个国家发展进步的不竭动力和丰富源泉，更是一个民族的精神底色，而文化自信的根基在于中华优秀传统文化。习近平总书记指出：“中国有坚定的道路自信、理论自信、制度自信，其本质是建立在5000多年文明传承基础上的文化自信。”当前，我国已经进入新的历史发展时期，培育中国特色社会主义文化自信是思政教育在新时代的重要使命。工匠精神与中华优秀传统文化一脉相承，与培育中国特色社会主义文化自信同向而行。从精美的苏州园林、恢宏壮丽的故宫，到创下多项世界纪录的港珠澳大桥，从古老的四大发明到现代化的高铁、北斗卫星导航系统，无一不让国人充满自豪，这既是工匠精神的最好展示，更是当代中国文化自信的强力支撑。

## 四、促进个体全面发展层面的契合

马克思主义理论认为，人的发展的最高境界是人的自由全面发展。这种自由全面发展，既包括作为个体的人在生理心理素质、道德思想素质、文化科学素质等方面得到完善和发展，也包括每个个体都能够以自身禀赋特长、兴趣爱好，自由选择工作生活领域和发展方向；既可以成为劳力者，亦可以成为劳心者。对青年学生而言，工匠精神既是提升创新能力、实现个人价值的风向标，更是革新自我、完善自我的助推器。经济的快速发展，令许多人滋生急于求成的思想，培养青年学生淡泊明志、宁静致远的治学情怀和认真严谨、专注坚持的职业品质尤为重要。工匠精神所蕴含的意志坚韧、潜心专一、刻苦耐劳的品德，为青年学生提供了成长成才的精神基石，激发了他们敢于挑战、奋勇向前的斗志，培育了“好学不倦、敏思笃行”的学习观念，从而更好地实现自我价值。这与思政教育的目的是异曲同工的。思政教育的一大任务就是培养和践行社会主义核心价值观，促使受教育者形成健全的人格、优良的思想道德品质，不断提升职业素养和专业技能，最终成长为中国特色社会主义事业的合格建设者和可靠接班人。

从更深的层面来看，工匠精神并不只是技术上的精益求精，它更是价值理性的升华；它并非要求每个青年学子立刻掌握十分娴熟的技巧，或将来一定要成为名师大家，它更多的是给学生的内心以文化的浸润、精神的润泽，乃至习惯的养成；它就像血液一样，伴随每个人的一生，是青年学子的成长基因和立身之本，这同样符合思政教育的根本主旨。思政教育的目的是在潜移默化中引导学生树立正确的理想信念，并以此作为实现自我价值和社会价值相统一的指南，最终推动个体全面自由地发展，也促进社会的发展。

# 第三章　高职思政教育滋养工匠精神的制约因素

党的十九大报告指出，当前我国社会的主要矛盾已经转化为人民日益增长的美好生活需要和不平衡不充分的发展之间的矛盾。在高等职业教育领域，主要矛盾体现为社会（企业）日益增长的高素质人才需求和职业院校培养体系不能满足社会经济发展对人才的需求之间的矛盾。当前，在落实“中国制造 2025”的背景下，培育学生的工匠精神无疑是高职院校思想政治教育的重要使命。就这个角度而言，这一矛盾成为高职思想政治教育滋养工匠精神的制约因素。基于前章的调查分析，这些制约因素可以归纳为环境因素、教师因素、课程因素、实践因素四个层面。

## 第一节　环境层面：学校结合自身特色的文化氛围不突出

校园特色文化集中体现了学校的核心价值理念，是大学办学的显著特征和学校生命力、影响力之所在，对于凝心聚力促进发展、全面提高人才培养质量至关重要。高职学生的工匠精神养成和高职院校的思政教育密不可分，其中学校的特色文化尤为重要。比如上海第二工业大学的“劳模文化”、重庆电子工程职业学院的“智慧文化”和重庆财经职业学院的“财英文化”等都结合了行业特点，形成了独具特色的“匠心”文化，可谓思政教育滋养工匠精神的点睛之笔。然而，当前很多职业院校仍然没有形成具有自身特色的校园文化，尤其是融入工匠精神的特色文化不明显，主要表现在以下几方面。

## 一、校园文化建设缺乏高职属性

高等职业教育固然是高等教育的重要组成部分，但是它有两个显著特点，即姓“高”和姓“职”。其中，“职”是本质特点。高职院校的培养目标与专业设置有很强的市场性，决定了它和企业行业之间有着天然的密不可分的联系。因此，高职教育应当有意识地培养学生的职业精神、职业素质、职业习惯，其校园文化不可避免地具有行业文化、企业文化、职业文化的特点。

然而，许多高职院校忽略了自身这一特有属性，盲目定位为“高”，跟风本科院校的精英教育，丢掉了高职特色。在校园文化建设方面，呈现出一味模仿甚至复制本科院校校园文化模式的现象，脱离了高职院校校园文化“以就业为导向，以服务为宗旨，以企业为依托”的实用基调。

黄星君对湖北省四所高职院校校园文化建设现状的调查研究显示，大部分师生认为，校园文化活动应该更加注重活动的实用性和创新性。突出创新性应体现在内容的创新上，既要有传统文化底蕴，又能融入企业文化元素，这才是具有高职特色的校园文化。高职院校应从分析岗位和岗位群对高技能人才的素质要求出发，针对高职学生实际，突出职业针对性和岗位技能导向，把企业文化融入校园文化建设中。

## 二、工匠精神的物质文化环境特色不突出

教育的本质是造就人才，而人才的培养不只在于传授知识，更应注重对学生情感的熏陶、精神的养成。“孟母三迁”“近朱者赤，近墨者黑”“入芝兰之室，久而不闻其香”，都说明了环境对于人的重要影响，更不用说作为教育场所的学校了。书香校园、文化校园，对于陶冶学生性情起着至关重要的作用。学生朝夕处于校园中，大到一楼一室、一路一坪、广场雕塑，小到一幅壁画、一句宣传标语、一草一木，甚至信封、稿纸、文件袋等，皆能在有意无意间起到熏陶作用。目前，绝大部分学校都意识到校园物质文化建设的重要性，却忽略了一点：不同类型的学校，有着不同的地缘、业缘特点，学校的物质文化环境也应该各具特点。犹如一个人的职业工装，空乘、护士、茶艺师的服装让人一眼就能识别。即使同为工科类学校，城建、铁路交通、化工、航空应各有侧重，文科类的新闻传媒、商

务旅游、工艺美术、管理服务等也应各有千秋。如果说，高职院校的办学定位决定了学校的市场竞争力，那么，学校的物质文化环境就决定了人才培养的土壤质量。

笔者通过网络调查平台问卷星发放了《大学校园物质文化建设现状调查问卷》，来自全国各类普通高校的 202 名学生参与了调查。数据显示，大学生普遍认为当前校园文化比较突出的现象是大学校园物质文化千篇一律。具体表现在大学的校园物质文化缺乏特色与辨识度，简单求新而缺乏风格的一脉相承，建筑样式雷同而缺少审美性等。有 54.9% 的学生认为自己所在高校的校园景观特色不明显，还有 8.4% 的学生对本校的校园景观持否定态度。千篇一律的校园物质文化无疑影响了工匠精神的培育氛围。如果漫步校园，入眼的是本行业工匠大师的雕塑，或者是集聚大师代表作品的宣传长廊，就可以既展现学校品牌特色，又能使学生耳濡目染，产生职业敬仰。

## 三、重校园物质文化建设，轻校园精神文化建设

与校园物质文化相比较，精神文化是大学校园文化的最高层次，也是大学的灵魂所在。大学精神文化集中体现在校风校训、教风学风、制度建设等方面。其中，校风是学校精神文化的核心。众所周知，北京大学、清华大学、复旦大学、南开大学等名校，校风各异，但无不是积淀深厚、传承久远。我国职业教育起步较晚，但近些年随着国家经济增长，发展态势迅猛，可以说迎来了职业教育的春天。然而，发展繁荣的背后也潜藏隐忧。一是许多高职院校由于成立时间晚，发展历程短，相对于招生规模扩大、学校扩建的速度，其校园文化建设表现出一定的滞后性。甚至出现片面追求“高大上”的办公楼、教学楼等硬件建设，忽视校园精神文化建设的倾向，导致校园文化建设流于形式。二是当下教育评估比较侧重基础设施、硬件设备建设，这些甚至是学校扩招、升格的关键指标，无形中强化了学校的社会功能，弱化了育人功能。三是对教职员工的人文精神培育不够，尤其是在管理育人、服务育人方面没有跟上。学校是育人的整体环境，而不仅仅只有课堂。同理，学校的教职员工都是教师，一言一行均能对学生产生影响，而不仅仅限于任课教师。许多学校重视教师队伍建设，却忽略了管理人员、服务人员队伍建设，校园

文化建设被人为割裂。

没有精神文化的滋养，学生人文精神的培育几乎成为无源之水、无本之木。工匠精神的培育是一个长期的过程，需要根植于学校精神文化的建设；同时学生在接受教育的过程中，只有经过反复打磨、训练，才能锻炼思想意志，并逐步领悟其中的内涵与真谛。

## 第二节　教师层面：专业教师在思政教育中的缺位现象

张耀灿等认为："思想政治教育是指一定的阶级、政党、社会群体遵循人们思想品德形成发展规律，用一定的思想观念、政治观点、道德规范，对其成员施加有目的、有计划、有组织的影响，使他们形成符合一定社会、一定阶级所需要的思想品德的社会实践活动。"对大学生开展思政教育，是中国特色社会主义建设的客观需要，是中华民族伟大复兴的使命要求。习近平总书记在全国高校思想政治工作会议上强调："各门课都要守好一段渠、种好责任田，使各类课程与思想理论课同向同行，形成协同效应。"明确了全体教师的思政教育责任。

然而，当前高职院校中思政教育专业教师缺位现象仍然十分突出。调查显示：72.7%的专业课教师只单纯从事专业课教学，不管学生思想工作，不理会大学生的思想状态；能够将思政教育内容渗透到课堂教学中，融专业知识传授与思政教育于一体的仅为28.1%；课后能将发现的学生问题反映给辅导员的仅为29.8%，能与学生互动交流的为25.2%；78.5%的专业课教师不愿兼任辅导员工作；86.8%的专业课教师认为学生课堂外的思政教育不在自己的职责范围内。究其原因，主要如下。

### 一、对教师职责的内涵把握不准确

韩愈的"师者，所以传道授业解惑也"，言简意赅地道出了教师职业的本质：传道是第一位的。百年大计，教育为本，教师在中华民族伟大复兴事业中的作用不言而喻。习近平总书记指出：一个老师，如果只知道"授业""解惑"而不"传道"，充其量只能是"经师""句读之师"，而非"人师"了。古人云："经师易求，人师难得。"一个优秀的老师，应该是

"经师"和"人师"的统一，既要精于"授业""解惑"，更要以"传道"为责任和使命。好老师心中要有国家和民族，要明确地意识到肩负的国家使命和社会责任。显然，立德树人是我国高等职业教育的落脚点，是每一位教师义不容辞的责任。

在实际教学中，以课程性质和内容区分教研室和相关任课教师，比如思政课教师、高等数学教师、基础会计教师等，似乎约定俗成。本来只是课程内容的区分，以便于更好地开展课程建设，然而在一些学校和教师心目中却渐渐演变成教师职责的区分。各门课程的功能不断地被狭隘化，知识的分门别类变成各门课程在育人功能上的互不相关。突出的表现就是，大家认为"传道"是思政课教师、辅导员的法定职责，专业课教师专司"授业"是理所当然的，各门课程守好了自己的一段渠，却难以汇成共同育人的一条河，导致思政教育"单打鼓、独划船"。有思政课教师言称"辛辛苦苦教授一个学期的道理，专业课教师一句话就瓦解了"。虽有些夸张，但也道出了许多教师存在"经师"与"人师"职责割裂、思政教育观念淡薄、课程育人理念滞后的问题。

## 二、专业课教师的思政教育优势长期未受重视

无论是高职院校的教学体系还是师资结构，专业课教师都具备明显的思政教育优势。专业课教师数量多、教学时间长，教学环节涵盖课堂理论教学、实验实训、第二课堂活动、毕业设计等诸多方面，言传身教的作用更为明显。由于受专业认同感的影响，以及对未来就业的期待，学生更愿意和专业课教师进行交流。专业课教师对待教学的敬业与精益求精，自身在专业领域的知识渊博、热爱专业与追求真理的孜孜不倦，在实验实训中的一丝不苟和严谨操作，都对学生产生着潜移默化的影响。榜样的力量，远远胜过抽象、空洞的说教。然而，专业课教师的育人优势长期未受到学校足够的重视，导致其在思政教育方面的作用发挥得远远不够。这一方面是学校体制使然，学校更关心专业课教师的科研成果、专业水平、教学效果，而对于专业课教师的思政教育职责则没有规定；另一方面则是专业课教师的思想认识问题，虽然专业课教师知道"教书育人"是一体的，但是更多的是关注自身的"为人师表"，不在师德师风方面出纰漏，很少主动关注学生的思想教育。

### 三、专业课教师自身的政治理论素养有待提高

很多高校对教师的培训，仅限于业务培训和师德师风教育，很少开展思想理论方面的学习。大多数专业课教师对马克思主义基本理论、中国特色社会主义理论体系知之不详，对党的路线方针政策不熟悉，对国家大事不关注，对政治理论学习不重视。由于专业课教师自身的政治理论素养不高，面对各种复杂的社会是非问题无法厘清，从而不能很好地给学生答疑解惑，故而总是回避了事。此外，很多专业课教师认为思想政治教育就是单纯进行政治理论教育，对于思政教育存在狭隘理解和片面认识。实际上，专业课教师除了教授专业知识以外，引导学生正确认识就读的专业、树立职业认同感、培养“专业报国”的情怀和志向，恰恰是立德树人的根本要求，也是将专业融入思政教育的最佳结合点。

## 第三节　课程层面：思政课程内容与职业教育实际联系不够紧密

2011 年 9 月 29 日，《教育部关于推进高等职业教育改革创新引领职业教育科学发展的若干意见》印发，其中明确要求：“高等职业学校要把社会主义核心价值体系、现代企业优秀文化理念融入人才培养全过程，强化学生职业道德和职业精神培养，加强实践育人，提高思想政治教育工作的针对性和实效性。”该意见为高职院校的思政教育教学指明了方向。

毋庸置疑，思想理论课课堂教学，是培育社会主义核心价值观、滋养高职学生工匠精神的主渠道。前章问卷调查的结论也显示，超过 80% 的高职大学生认为，思政教育和工匠精神培育之间“很有关系”。然而，王晓梅对高职院校思政课教学现状调查的结果显示，问及“对思想理论课教学内容的看法”时，仅 39% 的学生认为思想理论课的教学内容与自己的实际生活联系紧密，61% 的学生认为不紧密；在问到“你期望思想理论课的教学内容具备哪些主要特点”时，48% 的学生希望思想理论课的教学内容更贴近学生的现实生活，22% 的学生希望思想理论课的教学内容要有针对性，能结合专业。由此可见，目前高职院校的思想理论课课程教学离学生的期待和

需求尚存在一定差距，这也直接影响了工匠精神培育目标的实现。

## 一、思政课程的育才功能未能充分发挥

课程教学能否满足学生的成长成才需要，直接决定着学生对待课程的重视程度。当下大学生对专业课的重视程度普遍高于思政课，调查显示，主要原因之一是他们觉得思政课对专业学习和自己的职业生涯没有帮助。部分学生用逃课、不认真听讲等消极方式，表达对忽视成才教育的思政课的不满。这种现象背后的深层次原因在于，大部分思政课教师强调了思政课程的“育德”功能，忽略了思政课程的“育才”功能。如同部分专业课教师将“立德树人”职责推给思政课教师，同样，部分思政课教师也有意无意地将学生的成才需求推给了专业课教师，使思政课程变成了“道理课”，满堂课贯穿“应该”“必须”“务必”，远离学生的生活实际，尤其是专业实际，导致学生认为“思政课无用”“学不学都一样”。

满足大学生的成人成才需求，是思政教育的题中应有之义。基于此，任何一门课程教学都必须坚持价值性和知识性的统一，思政课程同样概莫能外。实践证明，马克思主义理论以具体科学的发展成果为依据，反过来又指导具体科学进一步发展，这种紧密关系，决定了基于马克思主义理论的思政课程应当且必须能够满足大学生的成才需要。

当然，这也对思政课教师提出了更高的要求。思政课教师应当主动了解不同学生的专业背景，熟悉不同专业的人才培养方案，根据培养目标整合教学内容，将思政课教学与专业需求结合起来，真正达到“育德育才”的有机统一。

## 二、高职思政课程的教学体系与现代职业教育衔接不紧密

高职院校现行开设的思想理论课程包括“思想道德修养与法律基础”“毛泽东思想和中国特色社会主义理论体系概论”“形势与政策”三门必修课程，根据教育部的规定，所使用的教材是由全国马克思主义理论研究和建设工程组统一编写的，比较注重理论体系，和本科教材相同。由于高职院校的生源基础不一，有高中毕业生、中高职对口招生、单独招生等，且整体知识水平远低于本科生，因材施教的需求更加明显。川渝地区高职院校文、理科学生的问卷调查显示，无论文、理科学生，对思想理论课缺乏

学习积极性和兴趣的一个重要因素是教材，他们认为教材所讲“内容过于枯燥”，“脱离实际，没有针对性”，这也直接影响了他们的学习态度，更导致思政课程的教学效果大打折扣。

2015 年 7 月，中共中央宣传部、教育部印发的《普通高校思想政治理论课建设体系创新计划》指出，思想理论课教学要以教材体系、人才体系、教学体系建设为核心，发挥立德树人的职责和使命，把培育和践行社会主义核心价值观融入教学全过程，为实现立德树人，培养中国特色社会主义事业建设者和接班人，实现中华民族伟大复兴中国梦发挥应有的作用。基于此，根据学校特点和学生特点，探索思想理论课课程从教材体系向教学体系的转变势在必行。

高职院校姓“高”和姓“职”的特点，决定了高职院校的人才培养目标是满足生产、建设、管理、服务一线的专门技术技能型人才需求。因此，高职院校思政课程的教学体系必须与现代职业教育“校企合作”“能力本位”“就业导向”的要求相衔接，将专业课程的教育教学理念引入思政课程教学。例如将思政课程的知识目标、能力目标和情感目标，根据高职院校学生的专业实际情况，进行模块化整合，体现真正的全面的能力本位。但是目前绝大多数高职院校在课程内容体系上尚未建立具有高职教育特色的思政课程教学体系：一方面是忽视了对高职学生现实的知识基础和学习特点及接受能力的研究；另一方面是忽视了对高职学生就业岗位需求的职业能力的研究，导致思政课程丧失吸引力。

## 第四节　实践层面：理论教育与实践教育的不平衡

在社会观念中，人们普遍认为工匠精神是一种文化传承，因此，在工匠精神培育的实践层面，出现了理论教育与实践教育不平衡的现象，这也是制约工匠精神培育的现实问题。

### 一、工匠精神培育以理论教育为主

目前很多高职院校的工匠精神培育，停留在理论教育层面，实践培育很少。理论教育多表现为以下两种方式：一是课堂讲授。思政课教师结合相关章节，融入工匠精神的内容，通过讲述知名工匠的案例、播放与工匠精神有关的视频等方式，强调工匠精神的必要性和重要性。二是专题讲座。聘请“大国工匠”进入校园开设讲座，引导学生尊崇工匠、学习模范。这样的教育方式不能说不好，事实上在很多时候是必需的，反复强调是加深印象的重要途径。但是，如果没有后续的实践教学相配合，单一理论教育产生的效果无非也就两种：一是听过就忘了，没有留下深刻印象；二是当时有些感动，但是没有最终化为自己的行动。“纸上得来终觉浅，绝知此事要躬行。”学生没有实践操作的真实感受，很难将工匠精神真正内化于心。

## 二、教师本身缺乏实践支撑

高职教育“学中做”“做中学”已经成为共识，校内仿真实训室是当前高职学生主要的“练兵”场所。作为实践课指导教师，自身的技能水平至关重要。然而，许多高职学校因为教学任务重，专业课教师很少有时间能真正进行实务体验，培训大多数局限于理论层面，深入企业锻炼的机会很少，导致教师“证书在手、实务欠缺”。很难想象，导游专业的教师没有当过导游，电焊专业的教师没有焊工经历，会计专业的教师没有真正做过企业财务，教师自身尚缺乏实践支撑，何来工匠精神的职业素养积累？纸上谈兵式地演练学生的结果就是，追求“速成”，满足于完成实训环节，实践技能基本缺乏，更缺乏追求卓越品质、精益求精的思想意识。

## 三、校企合作尚处于浅层次水平

校企合作、产教融合，是高等职业教育教学改革的方向，更是学校生存和发展的内在要求使然。但是，当前很多高职院校的校企合作尚处于浅层次水平。一是当前校企合作的内容基本停留在接收学生实习期顶岗实习、毕业生就业、教师下企业锻炼、双方人员培训等相对低层次阶段。虽然校企双方都有意愿在人才培养方案的制订、校本教材的合作开发、高水平实践基地的建设、技术服务与技术开发等方面加强合作，但真正在实践推进中还存在着诸多影响因素，导致合作的层次难以深化，达不到预期的合作水平，也收不到预期的合作效果。二是文科类高职院校的校企合作成效明显低于工科类高职院校。从专业特点来看，工科类学生侧重于实际操作，偏重动手能力训练；文科类学生侧重于管理服务，偏重动脑训练。因此，工科类学生主要是到生产一线进行跟岗学习和操作，人数较多而且集中；企业此类岗位需求量大，能批量接收学生，也很乐于深度培养学生，储备后备资源。文科类专业例如翻译、文秘、会计等，企业岗位需求较少，不可能整班跟岗，往往比较分散，校企合作效果大打折扣。

校企合作的深度和广度，直接影响工匠精神的培育。就深度而言，企业文化和职业理念融入专业，融入学生心田，能很好地培育学生的职业素养；“企业导师+专业教师”的双导师制，更能言传身教地影响学生。就广度而言，企业参与学生教学的各个环节，包括人才培养方案的制订、校内实践教学操作指导、实践考核等，使学生置身于职业环境中，更有利于学生树立职业认同感和职业敬畏感。

# 第四章　我国工匠精神的历史传承

提到工匠精神，我们脑海里第一时间冒出来的通常是瑞士钟表的“精益求精”、德国制造的“理性严谨”、日本匠人“一生专注做一件事”的执着与专注。事实上，工匠精神既非舶来品，也非现代新事物，在中华民族五千多年的悠久历史长河中，我们从不缺乏能工巧匠，更不缺乏工匠精神。工匠技艺与工匠精神在历史长河中对我国经济社会发展与文化传承创新起到了至关重要的作用，时至今日，工匠精神仍然是重要的思想资源和强大的精神动力。在迫切呼唤和大力弘扬工匠精神的当今时代，我们对工匠精神追根溯源，正确认知和领悟工匠精神的缘起与发展，有助于最大限度地发挥工匠精神的价值和功用。

## 第一节　我国工匠精神的历史溯源

中国是工匠大国，人才辈出，鲁班、李冰父子、李春、毕昇、黄道婆等都是我们耳熟能详的能工巧匠。长城、秦始皇陵兵马俑、都江堰、赵州桥、苏州园林、故宫及青铜器、古陶瓷、丝绸等在各行业、各领域令人叹为观止的旷世杰作与文化遗产，都是能工巧匠精湛技艺的结晶。工匠精神是中华民族优秀传统文化的精华之一。

### 一、工匠精神的孕育萌芽阶段

著名历史学家冯天瑜教授认为，就中华文明及其文化史来看，“工匠精神”源远流长，最早可追溯到新石器时代早期。据《周易·系辞》记载，中华民族的人文始祖伏羲氏“始作八卦，以通神明之德，以类万物之情”，“神农氏作，斫木为耜，揉木为耒，耒耜之利，以教天下，盖取诸益”，是说伏羲氏创制了八卦，从中推算出万物的实际情况，神农氏从伏羲氏所创制的“益卦”中获得启发，教人们制作农具。这说明当时已有人开始从事手工制作活动，最早的工匠也随之出现。这一时期的工匠从事手工劳动只是氏族内部出现的分工不同，并不受统治与剥削，是自由平等的氏族工匠。

《韩非子·难一》中有“东夷之陶者器苦窳，舜往陶焉，期年而器牢”的记载，《史记·五帝本纪》中记有“（舜）陶河滨，河滨器皆不苦窳”。上述两部书都记载了舜制作陶器时追求精工细作，并以此带动人们制作陶器也杜绝粗糙质劣的事迹。这是有史可载的最早的关于精益求精工匠精神的事迹，发生在距今4000多年前的舜帝时期。上古时期的伏羲氏、神农氏、尧、舜、禹等都是在某一方面有突出工艺制作能力的氏族领袖，是中国古代工匠的典型代表。

## 二、工匠精神的形成发展阶段

春秋战国时期是我国从奴隶社会向封建社会过渡的社会大变革时期，新的生产力的产生和生产工具的变革为工艺技术的提高创造了条件。工匠精神的形成与发展离不开传统手工业的兴起与繁荣，其演变历史也随着我国古代政治、经济、科技、文化等领域的发展而不断推进，由此形成了我国悠久独特的工匠文化和工匠精神。

我国传统手工业工匠的工种分类比较繁杂，在《周礼·考工记》中将工匠按工种分为轮人、陶人、弓人等多种类型。根据工匠所属性质不同又分为官匠与民匠，官匠一般在官府内劳动，为官府服务，受官府管理和限制，而民匠自由度相对高一点，可为官府做事，也可为主家劳作，还可自己制作，满足自身需求。《周礼·考工记》中将“百工”称为“圣人”，将“百工之事”称为“圣人之作”，反映出在古代社会“造物”需要非凡的技艺，古人对工匠已怀有崇高的敬意。

儒家思想是在中国古代占据主流地位的政治伦理文化，“天人合一”“德艺兼修”等儒家核心思想成为我国工匠精神得以传承和发展的重要文化基础。在此后的数千年历史发展过程中，工匠成为一个与人们日常生活密切相关的名词，工匠职业历代沿袭，手工匠人以精湛的技艺给中国传统文化增添了奇妙的色彩，丰富着中国优秀传统文化的内涵。从战国时期庄子的“技进乎道”，到北宋欧阳修的“我亦无他，惟手熟尔”，再到清代魏源的“技可进乎道，艺可通乎神”，无不说明，在古代工匠身上闪烁着“技艺精湛、敬业诚信、创新创造”的智慧光芒，孕育并发展了中华民族工匠文化及工匠精神的内核。

进入封建社会后，随着生产力的发展和技术水平的提高，这一时期的工匠技艺传授方式从以血缘关系为纽带的“父子相传式”的家庭代际传承为主，逐渐转变为以“师徒相承式”的传统学徒制为主。“言传身教”“心传身授”的教育模式成为古代培养工匠的主要途径。《春雨杂述·评书》中有记载：“学书之法，非口传心授，不得其精。”对于古代工匠而言，传承技艺不仅是学习技术，更是要形成一种与所从事行业或职业的心理契合度。《新唐书·百官志》中有记载：“钿镂之工，教以四年；车路乐器之工，三年；平漫刀槊之工，二年；矢镞竹漆屈柳之工，半焉；冠冕弁帻之工，九月。”由此可知，古代工匠根据不同工种特点和要求规定了不同的学徒时限，一方面，一定的学习时限体现了当时各行各业已具备的工艺技术水平；另一方面，一定的学习时限说明师徒在传承技艺过程中有相当长一段时间相处在一起，会形成深厚的师徒感情。所谓“一日为师，终身为父”“师徒如父子”等习语就源自这种“师徒相承式”的学徒制度。师傅在传授技艺和经验的同时，往往也会把行业规矩、从业原则、职业道德规范等传授给徒弟。言传身教不仅培养了大批工匠艺人，也养成了“尊师重教”的传统美德，工匠精神从而得以代代相传。

### 三、工匠精神的衰退没落阶段

伴随着我国近代社会的历史浮沉，从鸦片战争到新中国成立期间，工匠精神总体上日趋式微。鸦片战争后，西方强势的工业文明使国门被迫打开，中华大地发生了翻天覆地的变化，中国自给自足的农耕文明不可避免地直面西方近代工业文明的冲击，与传统社会生活方式相适应的传统生产方式不可避免地要面对近代工业机械化批量生产方式的冲击。在日用品生产领域，传统手工业几千年来一贯个体的、手工的生产方式必然要被大工业生产所取代。鸦片战争的炮弹击碎了中国延续数千年的农耕文化传统，传统的手工业生产难以适应工业时代大机器生产的发展要求，传统的手工业工匠在这种冲击下几乎难以为继，因此，在近代中国的历史进程中，工匠精神整体处于衰退没落阶段。即便如此，强韧的工匠精神也从来没有中断和消亡，始终有一些人在动荡不安的时代变迁中坚守自我，在默默地传承着工匠精神。

### 四、工匠精神的传承创新阶段

改革开放初期，为了快速提升我国的经济总量，“时间就是金钱，效率就是生命”成为推动经济和社会发展的风向标。但在效率优先的理念驱动下，金钱貌似成为评判一个人价值的标准和手段，“一切向钱看”“唯利是图”等短视行为使整体社会道德和社会风气遭到破坏，导致弘扬和发展工匠精神的社会大环境难以形成。

当前，我国处于全面深化改革和推进产业转型升级的攻坚时期，弘扬工匠精神，凸显其时代价值，更显重要和必要。创新是一个民族进步的灵魂，是一个国家兴旺发达的不竭动力，也是现代工匠应具备的精神特质。2016 年《政府工作报告》首次提出，鼓励企业开展个性化定制、柔性化生产，培育精益求精的工匠精神，增品种、提品质、创品牌。2017 年《政府工作报告》进一步明确提出，要大力弘扬工匠精神，厚植工匠文化，恪尽职业操守，崇尚精益求精，完善激励机制，培育众多“中国工匠”，打造更多享誉世界的“中国品牌”，推动中国经济发展进入质量时代。2018 年《政府工作报告》指出，全面开展质量提升行动，推进与国际先进水平对标达标，弘扬工匠精神，来一场中国制造的品质革命。2019 年《政府工作报告》提到，大力弘扬奋斗精神、科学精神、劳模精神、工匠精神，汇聚起向上向善的强大力量。2021 年《政府工作报告》提到，弘扬工匠精神，以精工细作提升中国制造品质。自 2016 年《政府工作报告》中首提“工匠精神”以来，“工匠精神”有 5 年被写入《政府工作报告》，表明在新的时代背景下，工匠精神逐渐从行业话语转变为政府政策话语，并被注入新的含义，赋予新的使命和要求。

## 第二节　我国工匠精神的传承与发展

我国手工业历史悠久且很发达，手工业及承载手工艺的历代工匠在中华文明的发展历程中发挥着极其重大的作用，技艺精湛的工匠及其所体现的工匠精神为中华文明留下了宝贵的物质财富和精神财富。工匠精神自古有之，虽经历衰退与没落，但传承与发展工匠精神的历史根脉与文化基因始终存在，故工匠精神一直延续至今。

## 一、按劳获酬是工匠精神传承与发展的物质基础

辩证唯物主义认为，物质决定意识。工匠精神作为一种意识形态，它的传承与发展必然有与其相对应的物质基础，即工匠用自己的劳动获得经济收入，没有一定的劳动所得作为物质基础，工匠精神就难以得到传承与发展。工匠的主要工作内容就是“执艺事成器物以利用”，即用技艺制造产品以用于生产和生活，产品的质量高低直接决定了工匠的收入水平，并影响其社会地位。

在先秦时期，工匠技艺是受到百家重视的，其社会价值是受到百家认可的，如《孟子》中记有“且一人之身，而百工之所为备”，《中庸》中也记有“来百工则财用足”，《管子》中有记载“士农工商四民者，国之石民也”。这说明工匠因其技艺精湛而受到世人的尊敬和认可，有着比较高的社会政治地位，是国家的支柱“四民”之一。

隋唐时期，工匠的招募开始出现以日计酬的方式，唐代手工业者的收入因手工业者的类型不同而不同。据《唐六典》记载：“凡诸州匠人长上者，则州率其资纳之，随以酬顾。”唐代长上匠因技艺高超，待遇相对比较优厚，除了能享受酬金月粮，还能免除课役和杂徭。柳宗元在《梓人传》中写道，“指使群工”的技术工头与一般工匠相比“受禄三倍”，由此可见，技艺高超的工匠能够获得超出平均水平很多的收入。

在清康熙年间，设立了皇家造办处，将广东、江苏一带的优秀工匠选拔到造办处，专门为皇家制作家具等御用品。造办处的每个工匠都经过严格筛选，一经选用，便给予丰厚的待遇。按同期官府部俸禄标准，清宫工匠月俸相当于一个知县的俸饷。清宫造办处不仅为工匠提供了丰厚的收入，使其无后顾之忧，而且还提供了很好的工作条件，如提供各种工具、优质原料等，使工匠能够全心施展自己的技艺，这使得很多工匠愿意花费更多的时间潜心研究技艺，用以提高产品的品质，从而获得更高的收入。这种高于社会平均水平的收入是工匠精神得以传承的物质基础。因此，为了鼓励传承工匠精神，政府和社会也有必要在物质上给予工匠们必要的、

持久的激励，不断提高从业者的收入水平，让从业者能够深切地感受到工匠精神传承的价值，从而产生获得感、认同感和荣誉感。

## 二、儒家思想是工匠精神传承与发展的文化基础

儒家思想是我国传统文化的主流思想，对工匠精神影响深远。儒家仁义礼智信的“五常”核心思想是我国工匠精神得以传承与发展的重要文化基础。

一是“仁”。“仁”者，仁义也，就是以人为本，富有爱心。孔子认为仁就是“爱人”，体现在工匠群体中即“仁者爱人”的人本理念。一方面，在工匠群体内部，在父子相传、师徒相承的技艺传承中，坚持以人为本，从关怀人、爱护人、发展人的目标出发，传承和发展手工技艺和工匠精神；另一方面，在从事职业活动时，坚持以客户为中心，用精湛的技艺和热情的态度服务顾客，做到有口皆碑，客观上使手工技艺和民间绝活得以传承和发展。

二是“义”。义的本义是合乎道德的行为或道理。孔子提出“君子义以为质”，认为义是君子的本质。又说“见利思义”“义然后取”，明确以义作为谋利的准则。儒家思想在肯定人的趋利性时更强调“义”对“利”的主导作用。“以义取利”成为古代手工业者和商人的主流义利观，不违背职业道德获得合理利益，争做有德君子，不做一味追求一己私利的小人。

三是“礼”。礼的意思就是注重礼仪，尊重他人。礼的核心是“尊重”二字。对于工匠而言，说到“礼”，就是要保持良好的职业行为规范，对服务对象有礼仪、礼节和礼貌。我们常说的“和气生财”“见人三分笑”就是“礼”的生动写照。

四是“智”。“智”同“知”，意思是对于认识、知道的事物，熟悉到可以脱口而出。这是对工匠应具备的技艺水平的一个基本要求。工匠的主要任务就是制造产品，理应对所从事行业工种的知识、技术达到“知”的水平，从而保证制作出来的产品能够满足服务对象的要求。

五是“信”。“信”者，人言也，意思就是诚信守法，一诺千金。儒家将诚信视为“进德修业之本”，将其作为完美人格的道德前提。“诚信”体现为做人做事言而有信，说到做到。对于工匠而言，坚持“诚信”才是生

存发展之道。“诚信”的工匠对所从事的工作、所要服务的对象、所要制作的产品，可以全心投入，不弄虚作假，不口是心非，不敷衍了事，按照产品的制作要求认真完成工作，保证所制作的产品质量无差，从而得到社会和他人的认可，以“诚信”求得个体职业的发展，以“诚信”求得所从事行业的传承。

## 三、尊师重教是工匠精神传承与发展的伦理基础

“尊师重教”一词出自《礼记·学记》，“凡学之道，严师为难。师严然后道尊，道尊然后民知敬学。是故君之所不臣于其臣者二：当其为尸，则弗臣也；当其为师，则弗臣也。大学之礼，虽诏于天子无北面，所以尊师也。”西汉文学家、哲学家扬雄曾有言：“师者，人之模范也。”孔子曰：“三人行，必有我师焉。”《荀子·大略》中有言：“国将兴，必贵师而重傅；贵师而重傅，则法度存。”唐代韩愈的《师说》有广为流传的名句：“古之学者必有师，师者，传道授业解惑也。”由此可知，尊师重教是中华民族的优良传统，是中华民族传统美德的重要伦理规范。我国传统的工匠精神之所以能够传承发展延续至今，与尊师重教的传统伦理是分不开的。

学徒制是我国古代工匠精神传承的主要方式和有效途径。从传承年代来看，学徒制最早可以追溯到周朝，尊师重教的传统自古有之，学徒制一经出现，尊师重教的伦理规范就与其紧密结合。《管子·弟子职》规定：“先生将食，弟子馔馈。摄衽盥漱，跪坐而馈”“先生有命，弟子乃食”“先生将息，弟子皆起。敬奉枕席，问何所趾”“先生既息，各就其友，相切相磋，各长其仪”。这种师徒关系及其相处之道很早就从道德层面上作出了规定。为了保证技艺传承和行业发展的延续性，师傅在挑选徒弟和教授徒弟时，会从人品、能力、意志力等多个方面严格要求徒弟，采用家族之治的宗法理念来培养徒弟，使徒弟从思想上对师傅终生感恩，以免出现“教会徒弟，饿死师傅”的状况。因此，在多数情况下，只有最亲密的师徒关系中的徒弟，才能学到师傅真正的技艺。师徒制的传承方式构建了手工业、制造业尊师重教的氛围与传统，古代师徒相承不仅是技艺的传承，更是师徒长期相处中不断进行的心灵契合与德行磨合。一方面，师傅在担负着传承技艺责任的同时，要教育自己的徒弟学会做人，将做人寓于做事之中；另一方面，徒弟在学习技艺的过程中要学会感恩，“敬业所以敬师，

敬师所以敬道也”，让师傅感受到徒弟学艺的真诚与决心，感受到徒弟对师傅的真心实意与尊敬，这样才能师徒相得，出现像孔子那样“弟子三千，圣贤七十二”的流芳圣贤和“程门立雪”“子贡尊师”之类的千古佳话。

进入21世纪，与古代传统学徒制相对应的农业经济已不复存在，取而代之的社会主义市场经济体制需要建立与之相适应的现代学徒制。不管社会如何变迁，观念如何更新，教育模式如何改革，尊师重教的优良传统始终存在，并将继续在现代学徒制等现代教育模式中发挥重要作用。

## 四、官府管理是工匠精神传承与发展的有力保障

我国工匠精神的产生与发展与官府的参与管理密不可分。我国传统工匠阶层形成后，官府建立了匠籍制度，便于开展对工匠的身份管理和徭役赋税的征收，同时还设立了中央和地方两级手工业专门管理机构，统一管理行业生产、产品市场和技术质量等事宜。

我国对工匠的最早记录来自《周礼·考工记》，书中的记载对象均为官匠，书中详细记载了手工业生产技术及一系列生产管理和营建制度。《周礼·考工记》开宗明义：“国有六职，百工与居一焉。”这一方面说明了“百工”的重要性，另一方面也说明了“百工”属于官府手工业。东汉的郑玄对《周礼·考工记》注说，“百工司空事官之属”“监百工者，唐虞已上曰共工”。由此可见，早在周朝及春秋时期，官府就设置了对工匠的专门管理部门。汉代管理手工业的部门主要是少府、大司农等。隋唐时期主要的工匠组织管理机构是在中央设立的工部，还有专门的少府监、军器监、将作监等。明代管理手工业的最高机构是工部，下设司务厅、营缮、虞衡、都水、屯田四清吏司。

从春秋战国时期起，官府采用“物勒工名”的方式对工匠生产的产品进行质量管理。《吕氏春秋·孟冬》中有记载：“是月也，工师校功。陈祭器，按度程，毋或作为淫巧以荡上心，必功致为上。物勒工名，以考其诚，工有不当，必行其罪，以穷其情。”工师是监工者，负责考察管理工匠，“物勒工名”是一种产品追溯制度，要求工匠把自己的姓名刻在产品上，若产品出现质量问题，则工匠要承担罪责。此外，还出台了诸如《工律》《工人程》《均工》等一系列法律与管理文件来加强对工匠及其制作

产品的管理。先秦时期，民间工匠以物以类聚的形式在市镇设立店铺，在官府的统一管理下进行生产和销售。《论语·子张》中记载："百工居肆，以成其事。"这种工肆制度便于手工业的集中生产与管理。

从秦汉时期开始，官府建立了一整套匠籍制度（元代称为"匠户制度"）。凡在籍的手工业工匠，必须接受中央和地方官府专门主管机构的工役支配，按各级工役主管机构的指令为官府服劳役。为官府服役的工匠，在唐代称为"长上匠""短番匠"和"明资匠"，在元代称为"官匠""民匠"和"军匠"，在明代则称为"住坐匠"和"轮班匠"。到了清代顺治二年（1645），清政府废除了匠籍制度，"令各省俱除匠籍为民""免征京班匠价"，工匠匠籍身份从此在法律上获得解放，取而代之的是雇佣与被雇佣的关系，工匠自由身份和地位的获得，大大提高了其参与劳动生产的主动性和积极性。

综上可知，官府进行管理并直接参与手工业生产，从客观上促进了古代工匠技艺的提高及工匠精神的传承。

## 第三节　我国工匠精神的当代创新

### 一、工匠精神的当代背景

党的十九大提出新的"两步走"战略，在全面建成小康社会的基础上，用15年基本实现社会主义现代化，再奋斗15年把我国建成社会主义现代化强国。在这样的时代背景和历史重任下，培育和弘扬工匠精神，对建设社会主义现代化强国具有重要意义，时代需要唤起人们对新时代工匠精神的深层思考。

进入新时代，我国社会和经济发展面临重大变革，产业转型升级、供给侧结构性改革、创新驱动发展战略，正合力推动我国从一个制造大国迈向制造强国，我们需要大国工匠、需要工匠精神。当前，我国经济发展进入新常态，经济发展已不再是总量扩张的过程，而是结构的转型升级。我们正处于转变发展方式、优化经济结构、转换增长动力的攻坚期，要实现我国经济发展换挡但不失速，推动产业结构向中高端迈进，关键在于制造业。制造业是国民经济的支柱产业，是工业化和现代化的主导力量，是衡量一个国家或地区综合经济实力和国际竞争力的重要标志。人才是实现制造强国的根本，要加快培养制造业发展急需的经营管理人才、专业技术人才，建设一支素质优良、结构合理的制造业人才队伍，走人才引领的发展道路。制造强国战略目标的实现，不仅需要高端的工程技术人才，也需要精英管理人才，更离不开高水平技术技能人才，特别是具有精益求精、追求卓越精神的工匠人才。弘扬工匠精神能有力地推动我国由制造大国向制造强国转变。

工匠精神已成为新时代对我们每一个人的要求，成为新时代我们每一位劳动者追求的新名片。正如亚力克·福奇所说的："在新时期所弘扬的工匠精神不再是手工业者的职业道德追求，而应是所有人的行为追求。"新时代的工匠精神超越了原来工匠精神"工"的范畴，它作为一种劳动价值观应是所有从事物质和精神产品生产的劳动者所秉持的一种职业态度，促使每一位劳动者在工作岗位上刻苦钻研，精益求精，追求更高的质量、更优的品质，这种职业态度具有重要的现实价值。因此，新时代每一位劳动者都应作为工匠精神的践行者和发扬者，助推新时代历史使命的早日完成。

## 二、工匠精神的当代价值

新时代呼唤工匠精神，究其根本在于工匠精神的内在价值，这种价值强调的不仅是其历史作用，更是其现实价值。当前，我们应紧扣时代发展的需要，深刻认识工匠精神的积极作用和时代价值，从而理解弘扬工匠精神的必要性和紧迫性。

### （一）工匠精神是建设创新型国家的重要推动力量

党的十九大报告指出，创新是引领发展的第一动力，是建设现代化经济体系的战略支撑。

加快建设创新型国家，就要瞄准世界科技前沿、强化基础研究，加强国家创新体系建设、涌现原创科学成果，深化科技体制改革、强化企业创新主体。而这些重大举措的推进和重大成效的实现，不仅需要一大批具有国际水平的科技人才、科技领军人才、青年科技人才和高水平创新团队，还需要一大批专业技能突出、创新能力强、善于解决实际问题的高水平技术技能人才。一大批具有工匠精神的高素质技术技能人才，是新时代推动建设创新型国家的坚实基础和生力军。

古往今来，工匠一直都在改变着世界，热衷于技术与发明创造的工匠是每个国家活力的源泉。以四大发明为标志的中国古代技术创新活动体现了中华民族不断进取的探索精神。流传至今的鲁班、李冰、蔡伦、李春等都是我国勤于实践、勇于创新的千古名匠，他们深刻体现了工匠精神中持之以恒的坚持和对创新的不懈追求。创新也成为在建设创新型国家背景下当代工匠精神最核心的内涵之一。新时代富有创新精神的工匠精神突出表现在，面对生产实践中出现的新问题，能积极创新，应用新技术、新工艺、新材料、新设备创造性地予以解决，以提升生产效率和产品质量。

创新是工匠精神的题中应有之义，弘扬工匠精神就是要营造崇尚劳动、崇尚技能、鼓励创新的氛围，进一步激发劳动创新、技能创新的活力，加快建设创新型国家的步伐。

### （二）工匠精神是企业提质创牌的重要推动力量

市场经济的主体是企业，建设市场经济的关键在于打造符合现代市场经济要求的企业。改革开放以来，我国经济高速发展，然而，在面对大量发展机遇时，过于注重速度与效率容易使人们变得急功近利。一个品质至上的时代已经来临，中国企业着力提升品质、打造品牌已经刻不容缓，而这一切离不开工匠精神的引领。2016 年《政府工作报告》中提出，鼓励企业开展个性化定制、柔性化生产，培育精益求精的工匠精神，增品种、提品质、创品牌。时代需要工匠精神，中国企业的发展需要工匠精神，工匠精神是企业提品质、创品牌的关键，是支撑“中国制造”从“合格制造”走向“优质制造”“精品制造”的精神动力。精益求精的工匠精神能够让企业在生产过程中专注于每一件产品，将产品细节做到极致，推动品质升级，通过产品的高品质形成自身的品牌优势。华为坚持每年将 10% 以上的销售收入用于研发，其产品销售到全球上百个国家和地区。任正非给华为全体员工的一封邮件“学习日本工匠精神，一生专注做一事”曾传遍网络，明确表达了他对工匠精神的态度，很好地阐述了工匠精神的内涵：一种对工作执着、对所做的事情和生产的产品精益求精、精雕细琢的精神。执着坚守“炮制虽繁，必不敢省人工；品味虽贵，必不敢减物力”理念的同仁堂，以传承百年的实践证明，企业要把工匠精神融入研发、设计、生产、质量等经营管理的各个环节中去，把精神转化为行动，把产品质量做到极致，让工匠精神真正助力企业提品质、创品牌。

### （三）工匠精神是个体成长实现价值的重要推动力量

马斯洛需求层次理论将人的各类需求按照一定的层次和标准进行划分，其中，生理需求是最低层次的需求，而自我实现的需求是最高层次的需求。这说明人在满足自己的衣食住行等基本需求后，需要通过不断提升和完善自己，充分发挥个人能力，追求最高境界和愿景，最终实现个人的自我价值。工匠精神作为一种精神力量，在促进个体发展的过程中起着价值引领、方法目标、实践动力的作用，有利于将人的需求由低到高逐层推进，从而满足个体生存的需要，实现个体的职业认同和提升个体的社会价值，推动个体成为有理想、有本领、有担当的时代新人。

个体成长需要自身能力的提升，而自身能力的提升离不开社会实践活动，工匠精神正是社会物质生产实践活动的成果，对个体能力提升能起到实践指导作用。首先，工匠精神能提升个体的物质生产能力。工匠的“造物”活动是一种持续性的创造性劳动，需要工匠对技艺和产品进行持之以恒的钻研和完善，在这种持续性的活动过程中，工匠充分利用并不断提升自己的能力，推动个体成长与成才。其次，工匠精神有利于实现个体价值。个体价值是自我价值与社会价值的有机统一，在实现自我价值的同时也在创造社会价值。工匠精神是推动个体价值实现的一种精神力量，也是一种实践动力。实践是人类生存和发展的基础，作为在劳动实践中产生的工匠精神，倡导我们通过劳动实践去实现自我价值与社会价值，这也是个体发展的最终落脚点。

## 三、工匠精神的当代践行

当前，我国社会的主流价值观是社会主义核心价值观。社会主义核心价值观是当代中国精神的集中体现，凝结着全体人民共同的价值追求。工匠精神所体现的崇尚劳动等基本价值内涵与社会主义核心价值观完全相同，我们要深刻领会社会主义核心价值观的内涵要义，将其内化于心、外化于行，在社会主义核心价值观的引领下勇做践行工匠精神的先锋，使工匠精神成为全社会、全民族、全体劳动者的价值导向和精神追求，让工匠精神与社会主义核心价值观共同激励我们为实现美好生活而努力奋斗。

（一）社会主义核心价值观的基本内涵

党的十八大报告明确提出，倡导富强、民主、文明、和谐，倡导自由、平等、公正、法治，倡导爱国、敬业、诚信、友善，积极培育和践行社会主义核心价值观。这一重要内容中的12个词分别从国家宏观层、社会中观层、个人微观层三个层面，全面而具体地阐述了这一价值观的内涵。

“富强、民主、文明、和谐”是从国家层面出发所追求的价值目标，是我们共同追求的价值目标和对未来美好生活的期盼。“自由、平等、公正、法治”是从社会层面出发所追求的价值目标，是社会不断进步和发展的需要，是一种对社会秩序的深刻表达与基本要求。“爱国、敬业、诚信、友善”是从个人层面出发所追求的价值目标，体现了个人生存与发展所需要的基本道德品质的要求。

（二）工匠精神与社会主义核心价值观的关联性

工匠精神与社会主义核心价值观同为意识形态，起源于中华优秀传统文化。尽管两者在形成的历史背景、使用范围、核心内容等方面有着或多或少的区别，但通过比较分析工匠精神与社会主义核心价值观的内涵可知，两者指导思想契合，教育对象一致，知识结构匹配，实施内容相近，协同基础扎实，在很多方面存在同质关联性，是相互促进、相辅相成的耦合关系。

从基本内容来看，工匠精神的核心内容是爱岗敬业、精益求精、专注严谨，是公民职业道德的具体体现；爱国、敬业、诚信、友善是社会主义核心价值观在公民个人层面的价值准则与基本遵循。工匠精神蕴含的职业理念和价值取向与社会主义核心价值观的内涵高度一致。从实践过程来看，工匠精神的载体是劳动，强调以劳动为基础，脚踏实地，持之以恒，不断创新，完善产品，在劳动中发挥自我价值、创造社会价值。社会主义核心价值观也强调劳动者的主体地位，倡导人们爱岗敬业、诚信为本，凭借劳动实现人生价值，获得社会认可。由此可知，工匠精神与社会主义核心价值观都崇尚劳动，强调通过劳动实践实现个体价值。从实践结果来看，工匠精神倡导劳动者在制造产品的过程中，通过技能提升和技术革新创造出更多高品质的产品，满足市场消费需求，促进经济发展与社会繁荣。社会主义核心价值观也致力于倡导人们齐心协力，共同建设富强、民主、文明、和谐的社会主义现代化国家。因此，工匠精神与社会主义核心价值观是一脉相承的，存在同质关联性。弘扬工匠精神是遵循社会主义核心价值观个人层面价值目标的重要体现，社会主义核心价值观为工匠精神培育提供了坚实的思想基础和精神动力，两者耦合基础扎实，相辅相成，共同发展。

### （三）社会主义核心价值观引领下的工匠精神践行与创新

社会主义核心价值观是一个包含国家、社会、公民三个层面有机统一的系统价值观，即国家层面的“富强、民主、文明、和谐”，社会层面的“自由、平等、公正、法治”，公民个人层面的“爱国、敬业、诚信、友善”。作为一种职业价值观，新时代工匠精神的弘扬和培育必须以社会主义核心价值观为指引，从国家层面的富强文明、社会层面的平等公正和个人层面的敬业诚信方面与社会主义核心价值观保持一致，把新时代工匠精神的培育与社会主义核心价值观的践行结合起来，使新时代工匠精神永葆生机与活力。

#### 1. 践行新时代工匠精神应体现富强文明

为实现中华民族伟大复兴的中国梦和社会主义现代化强国的愿景，国人的家国情怀不断汇聚升腾，富强、民主、文明、和谐，成为国人共同追求的价值目标。国家富强是近代以来中华民族的热切期盼，大力践行社会主义核心价值观有助于国家富强文明的实现。在国家的大力宣传和号召下，工匠精神作为新时代的重要精神，被赋予了精益求精、勇于创新的新时代内涵，培育和践行工匠精神是对社会主义核心价值观的生动体现。在社会主义核心价值观的正确指引下，新时代工匠精神有利于激发国人勇于担当国家使命，有利于坚定国人的爱国理想和信念，有利于改变国人的精神面貌，对于国家富强目标的早日实现、国家整体文明水平的提升具有明显的促进作用，是推动经济转型发展、国家富强文明的重要精神支撑。

习近平总书记强调，劳动最光荣、劳动最崇高、劳动最伟大、劳动最美丽。在社会主义核心价值观指引下的工匠精神培育与践行，最为重要的就是要树立“劳动光荣”的新风尚。为此，应加大对工匠精神的宣传力度，发挥先进榜样的引领作用，让工匠精神成为所有从业者的价值追求，更好地汇聚国人的力量。中央电视台大型纪录片《大国工匠》讲述了高凤林等 8 位不同岗位的劳动者，用灵巧双手匠心筑梦的故事。奉献于航天事业的焊接匠人高凤林，几十年来一直坚守在火箭发动机焊接工作的岗位上，通过自己的勤奋努力、刻苦钻研，突破多项焊接难题，练就了不一般的焊接技艺，为国家多项重点工程的顺利实施作出了突出贡献。他说："岗位不同，作用不同，仅此而已；心中只要装着国家，什么岗位都光荣，有台前就有幕后。""每每看到我们生产的发动机把卫星打入太空，这种民族认可的满足感是用金钱买不到的。"正是这种"认同感"和"满足感"，让他选择了"留下"与"坚守"。正因为有这样的大国工匠将工匠精神与技能传承下去，我们乃至后人，才能遇见国家未来更美好的富强文明。

2. 践行新时代工匠精神应体现平等公正

社会主义核心价值观中的"自由、平等、公正、法治"是立足于社会层面的价值目标。其中，实现社会公正和人的平等一直都是人类不懈的价值追求和美好理想。早在古希腊时期，柏拉图就把公正视为理想政体的重要德性。美国著名哲学家约翰·罗尔斯也把社会公正看作社会制度存在的首要价值。马克思认为，在共产主义社会第一阶段，生产者的权利是同他们提供的劳动成比例的，平等就在于以同一尺度——劳动来计量。即在社会主义条件下，劳动成为衡量社会平等的重要尺度，有劳动能力的人，不管从事什么职业，付出等量劳动就可以获得等量报酬，反对不劳而获侵占他人的劳动成果。恩格斯同时指出，平等应当不仅是表面的，不仅在国家的领域中实行，它还应当是实际的，还应当在社会的、经济的领域中实行。在新时代，平等公正也是社会主义核心价值观在社会层面的重要价值准则。只有在平等公正的社会中，人们才能各得其所、安居乐业。

工匠精神是践行社会主义核心价值观、弘扬劳模精神和劳动精神的具体实践，工匠应通过个体劳动实现平等公正，进而实现自我价值和社会价值。但我国长期以来"学而优则仕"的传统观念，衍生出"万般皆下品，唯有读书高"的价值观，以及"劳心者治人，劳力者治于人"的人才观。在士农工商、四民分业制度的影响下，社会层次划分以"士农工商"作为高低贵贱的考量标准，工匠阶层在社会等级序列中地位低下，很多不入统治阶级"法眼"的工种门类直接被归为"三教九流"。这些传统文化和思想观念的影响沿袭至今，造成了当代培育和传承工匠精神的文化土壤缺失，社会平等公正的良好风尚难以形成。

构建公正的制度体系是弘扬工匠精神、营造良好社会风尚的有效之举。正如柏拉图在《理想国》中所说的："为了把大家的鞋子做好，我们不让鞋匠去当农夫，或织工，或瓦工。同样，我们选拔其他的人，按其天赋安排职业，弃其所短，用其所长，让他们集中毕生精力专搞一门，精益求精，不失时机。""木匠做木匠的事，鞋匠做鞋匠的事，其他的人也都这样，各起各的天然作用，不起别种人的作用，这种正确的分工乃是正义的影子。"柏拉图认为，如果让鞋匠去做农夫的事情，让织工去做瓦工的事情，不仅无法制造出优良的产品，还可能对国家造成危害，这是对公平正义的侵害，所以，各人按天赋所长从事各自的职业，就是正义的体现。正义原则为构建公正的制度体系和弘扬工匠精神奠定了理念基础，引导全社会进一步确立崇尚劳动、崇尚技术、崇尚创新的价值观念，促进形成"崇尚一技之长、不唯学历凭能力"的社会风尚，将工匠精神升华为社会大众和全体劳动者的信仰，使之成为人人尊崇的价值准则。

3. 践行新时代工匠精神应体现敬业诚信

习近平总书记指出，人世间的一切幸福都需要靠辛勤的劳动来创造。劳动是人类社会精神财富和物质财富的源泉，敬业则是对劳动过程中恪尽职守、精益求精工作态度的高度概括，敬业对于推动个人实现自身价值和促进社会与经济发展具有重要作用。梁启超先生在《饮冰室合集》中曾这样论述"敬业"：一个人对于自己的职业不敬，从学理方面说，便亵渎职业之神圣；从事实方面说，一定把事情做糟了，结果自己害自己。所以，敬业主义于人生最为必要，又于人生最为有利。由此可见敬业的重要性。敬业是工匠精神的本质体现，也是社会主义核心价值观在个人层面的价值目标。在新时代工匠精神的基本内涵中，爱岗敬业是其本质体现，从业者尽最大的努力做好本职工作，把从事的职业当作事业来对待，持续专注，全身心地忘我投入，以敬业乐业的态度对待每一项工作任务，干一行爱一行、爱一行专一行，体现出基本的职业精神和职业价值观。当社会中具有爱岗敬业工匠精神的群体越来越多时，我们相信，崇尚敬业精神的社会风尚也在不断形成。

社会主义核心价值观中的"诚信"强调的是公民诚实劳动、信守承诺，这也是社会主义道德建设的重要内容。诚信是一种普世价值观，是社会对每个人的要求，也是成为合格中国公民的要求。只有个人诚实守信，获取他人的信任，才能建立良好的社会关系，它是良性社会关系建立的重要保障。“诚信”是我国传统文化中的一种道德传统，也是工匠精神得以传承和发展的儒家文化基础中的“五常”之一。孔子曾说过“无信不立”，一个人如果不讲诚信，不守信用，那么在社会中将难以立足。新时代工匠精神作为一种以产品品质为价值导向的职业价值观，它要求从业者爱岗敬业、诚实守信、精益求精、专注求新，这些特质正是产品品质的有力保障，而产品品质有保障又是从业者诚信的直接体现。中国古代工匠制作产品“物勒工名，以考其诚”，即把自己的姓名刻在产品上来保证产品质量，未尝不是对工匠诚信的一种鞭策。

新时代工匠精神强调的爱国主义情怀、敬业奉献精神、诚实守信品质，与社会主义核心价值观的内涵相一致，践行这一精神所体现的富强文明、平等公正、敬业诚信，正是社会主义核心价值观所追求的目标与愿景。由此可知，传承与发扬新时代工匠精神就是在践行社会主义核心价值观。

# 第五章　工匠精神传承的国际借鉴

工匠精神是制造业发展的内生动力，中国要完成从“制造大国”向“制造强国”的转变，离不开工匠精神。纵观德国、瑞士、日本、美国等当今全球制造业强国，他们闻名世界的制造业品牌和口碑都得益于他们重视工匠精神的培育与发扬。提升中国产品的制造质量、革新制造技术，进而形成中国制造业品牌，是中国由“制造大国”向“制造强国”迈进的必由之路。借鉴世界上制造业强国培育与弘扬工匠精神的经验，促进中国工匠精神培育机制的形成，将有助于推进我国制造业向中高端迈进。

## 第一节　德国的工匠精神及传承

第二次世界大战之后，欧洲四大老牌工业经济强国形成了欧洲四大经济体，主导着欧洲乃至世界的经济走向。德国作为欧洲四大经济体之一，是一个经济高度发达、国民生活水平极高的国度，其重要象征是以汽车和精密机床为代表的高端制造业。德国的工匠精神是如何形成并传承的呢？

### 一、德国工匠精神的历史溯源

德国的工匠精神并不是自古就有，而是从工业化时代初期开始的。哲学思维的启蒙、宗教思想的熏陶、地理环境的影响，成为德国工匠精神得以形成和传承的主要因素。

#### （一）哲学思维的启蒙

德国哲学是西方历史上一道别样的风景，德意志民族也被称为“哲学的民族”。德国哲学史上极具影响力的代表人物有康德、黑格尔、费希特、谢林等，他们充分吸收以前的哲学家们的思想成果，在前人的基础上提出新的哲学问题并开展思辨，将哲学思维提升到一个新的高度。

德国哲学思维方式的思辨性、理性特点影响了其工匠精神的形成和发展。托马修斯所倡导的理性知识的运用、莱布尼茨所创建的德国近代第一个单子论的形而上学体系、康德的批判哲学、黑格尔的唯心辩证法、费尔巴哈的唯物主义论……这些德国哲学史上的成就，无一不体现出德国人严谨、理性、思辨的哲学思维。从德国近代哲学的发展历史不难看出，德国哲学理性、思辨的思维方式对本国文化产生了深远的影响。德国哲学史上的每一次哲学变革都塑造了德意志民族更为理性的民族品格，增强了德意志人的逻辑意识和思辨能力，更重要的是，这种理性通过与教育相结合，渗透到了德国人生活的方方面面。将德国哲学融入教育，是德国哲学思维启蒙的重要途径。德国哲学家们关注教育事业的发展，很多大家著书立说，影响世人，同时还将哲学思想贯穿于教育实践当中。康德的教育思想就被贯穿于德国初等教育、中等教育和高等教育的全过程，对德国乃至世界的教育思想产生了重要影响。此外，德国哲学的理性精神给19世纪德国的大学教育改革提供了原则遵循。随着德国哲学思维在教育中的渗透，德国人的思维方式也受到了潜移默化的影响，逐步形成了严谨、理性的民族性格。德国工匠精神所体现出的严谨精确、理性务实、追求完美、精益求精的职业特点与其哲学思维有着密不可分的关系。

（二）宗教思想的熏陶

德国的年轻人愿意做工人，除了德国工人的社会地位高，宗教思想的影响也是一个很大的因素。宗教向度是研究工匠精神的重要维度。在德国，工匠精神的形成与其相应的宗教背景密不可分。在16世纪的宗教改革中，马丁·路德提出了宗教伦理的“天职观”，他认为每一种职业都是上帝既定的，具有同等价值，人无论从事何种职业都能够得到救赎，不需要注重职业形式。这种观点从宗教意义上将劳动的价值和职业的地位进行了重新审视，它把劳动作为上帝设立好的“天职”来对待，一个人的天职就是要好好履行上帝赋予的任务，无论从事哪种正当的职业，在上帝看来都是平等的。“天职观”从根本上改变了德国人对劳动的传统认知，内化了德国人关于劳动的道德理念，并逐渐演变为职业伦理。随着时间的推移，德国人的脑子里形成了一种观念，他们一旦选择了一种职业，就会认真地做好工作，因为他们认为这种职业是上帝安排的天职，是上帝安排他在尘世中生活的一种方式。天职观所演变出来的职业伦理，把宗教的虔敬精神注入了尘世的劳动之中，从客观上促进了德国工匠精神的形成。德国人所表现出来的严谨、勤奋、有序的工作态度，逐渐沉淀为德意志民族的工作习惯和特有的文化心理。随着“天职”意识慢慢渗透到德意志民族的血液之中，德国手工业阶级应运而生。德国手工业阶级诞生初期，其社会地位远远比不上贵族和商人，但是，在天职观的影响下，手工业者坚定“所有正当职业都具有同等价值”的信念，把职业劳动看作对上帝的侍奉，这种宗教信仰所蕴含的强大精神力量，不仅提高了手工业者的社会地位，而且催生了德国工匠精神的萌芽。随着手工业者劳动水平的不断提高和劳动范围的扩大，手工业行业联盟得以形成。联盟将手工业者划分为学徒、工匠和师傅三个不同的等级，手工业者从学徒做起，到工匠等级便可以“自立门户”，从事自主经营活动。可以说，彼时的德国工匠代表着传统手工业阶级的中坚力量，提高了手工业者在社会上的地位，是德国工匠精神得以形成的阶级基础。

### （三）地理环境的影响

人类与环境是相互依存、相互作用、相互制约的，不同的地理环境所孕育的民族文化和民族性格各具特色。德意志民族所表现出的严谨、勤奋、理性等特征与其独特的地理环境是分不开的。

德国位于欧洲中部，素有“欧洲走廊”之称，东部与波兰、捷克相邻，南部与奥地利、瑞士接壤，西临荷兰、比利时、卢森堡和法国，北临丹麦，是欧洲邻国最多的国家（不包括俄罗斯），地缘政治特别复杂。从世界范围来看，欧洲国家在世界经济发展中具有重要作用，而德国处于欧洲地缘环境的心脏地带；从周边国家环境来看，德国位于欧洲中部，是欧洲内部连通的重要枢纽；从区域环境来看，德国的地形复杂，整个德国的地形可以分为 5 个具有不同特征的区域，不利的地理环境促使德国人为了生存而更加勤奋。复杂的地缘政治促使德国人以严谨、理性的思维审时度势、权衡利弊、化解危机。可见，德国人严谨、勤奋、理性的民族特质与其复杂的地理环境和地缘政治有着密不可分的关系，在长期的历史进程中，德国人的工匠精神得以孕育并发扬。

## 二、德国工匠精神的形成机制

德国工匠精神的形成受内因和外因两方面的作用。它形成的前提是其一定时期所积累下来的技艺经验转化成过硬的技术，而其良好的经济环境也在客观上加速了工匠精神的形成，这些都是客观上存在的外因；内因则是其具有不断追求内在发展、不断追求完美的质量文化意识。在内因和外因长时间的共同作用下，德国的工匠精神得以形成。

### （一）技艺传承是德国工匠精神形成的技术前提

匠，其本义是指手艺人，所以工匠精神的形成必然离不开技艺的支撑。12 世纪，德国农村手工业发展迅速，在 14 世纪和 15 世纪，德国的城市手工业逐渐取代农村手工业，且发展势头良好。为了促进行业发展、维护共同利益，手工业者们相继建立行会，行会是为了保护本行业利益而互相帮助、限制内外竞争、规定业务范围、保证经营稳定、解决业主困难的组织。中世纪的欧洲行会是自治的，官员由行会内部自主选拔，这对欧洲的政治思想演进具有促进意义。行会的社会地位影响着手工业者们的社会地位，手工业者们受到社会的高度尊重，尤其在技艺上有所创新的更是如此，这也是传统技艺得以传承的客观因素。

行会作为一个相对独立的社会单位，它制定了自己的规章制度，其中相当一部分是行会道德准则，第一条便是“保证产品质量，反对弄虚作假”，经过时间的推移，这一点演化成了手工业者的道德义务、社会责任和职业荣誉。行会不仅要求每一位入会者热爱自己的行业，还对工人们的技艺水平提出了非常严格的要求，为了熟练掌握技艺诀窍，徒弟一般必须经过七年学徒期，并且在以一件成活证明自己的知识和能力之后，才能出徒。作为师傅，不但要向徒弟传授技艺，还要将细致、严谨、专注、耐心等品质和敬业、诚信、务实、友善等职业伦理传承给徒弟。工匠技艺和经验的不断积累与传承以及技艺水平的提高，为德国工匠精神的形成提供了技术基础。

### （二）质量意识是德国工匠精神形成的内部因素

德国人制定了质量强国战略，建立了系统的质量管理体系和质量认证制度，致力于提高产品质量。如今的德国，从城市规划、公共设施到企业文化、产品质量，都可以看出德国人“以人为本”的理念和质量文化意识。

有这样几个故事。

欧盟成员国联合制造了一种新客机，送往各成员国进行试飞。试飞是飞机制造的重要阶段，一些成员国的厂商在机舱的醒目位置贴上“小心保养”“精心爱护”等字样，提醒乘客处处小心，以免发生安全事故。而新客机在德国试飞却是另一番景象，德国的厂商不贴任何提醒标志，而是跟乘客反复强调，要“破坏性”地使用机舱中的各种设施，如可以在座位上使劲摇晃，可以用力拉扯厕所门，开关、按钮可以反复按，总之，想怎么折腾就怎么折腾。这种近乎野蛮的“试用”，可使机舱里那些容易损坏的部位充分暴露，厂商便可以有针对性地进行改进，从而确保新客机的质量和安全。

德国人对于自己的产品非常细致，并且强调安全。以鸡蛋为例，德国市场上销售的鸡蛋通常是用硬纸盒包装的，基本看不到散装的鸡蛋，而且硬纸盒里的每一个鸡蛋都拥有一个红色的编码以表明其“身份”，如 1 - NL - 3425311，前面的只能是 0、1、2、3 这四个数之一，用以表示生蛋的鸡的饲养方式，0 代表绿色鸡蛋，1 代表露天养鸡场饲养的鸡生的蛋，2 代表圈养的鸡生的蛋，3 代表笼子里饲养的鸡或者饲养环境很差的鸡生的蛋；中间的则代表销售的国家，NL 代表荷兰，DE 代表德国；而后面一串数字则代表产蛋母鸡所在的养鸡场、鸡舍或鸡笼。这一组编码，不但可以让消费者知道自己购买的鸡蛋的营养价值，而且一旦鸡蛋出现质量问题，还能从编码追根溯源，找到其产地。这样，不但确保了鸡蛋的质量，还规范了养鸡行业的管理。

德国的不少家庭都备有一种机器，专门用于把小型木质、竹质的废弃物加以粉碎，将其与肥料拌在一起撒在花园的土里以疏松土壤。如用过的牙签，他们会带回来粉碎。因为他们认为，锋利的牙签随意丢弃在饭桌上有许多坏处，一是可能会刺破垃圾袋，让袋子里的脏东西流出来污染环境；二是万一小动物吃剩饭剩菜时吃到牙签，可能扎破喉咙；三是万一环卫工人处理垃圾时不小心碰到牙签，可能会扎破手指。

德国人就是这样，严谨认真到让人觉得很刻板，他们做事精确到螺母要拧几圈，做菜用调料得分毫不差地称量……然而，正是这种较真的劲儿，造就了其质量的口碑，其产品大到汽车、小到订书机，质量均为世界领先。正是这种细致、较真及标准化的操作，使得工匠精神融入这个民族的血液当中，助推工匠精神迅速发展，成为德国工匠文化的重要组成部分，也成为制造业乃至民众一切工作和生活都要遵循的价值准则。

（三）良好的社会经济环境是德国工匠精神形成的外在驱动

任何理念和文化都离不开特定的社会土壤的培育，良好的社会经济环境促进了德国工匠精神的产生、形成和传承。从社会地位来看，受德国宗教信仰和行会的影响，德国工匠的社会地位较高，可以通过细致、踏实的工作得到职业荣誉。自中世纪以来，德国的手工业发展迅速，其在国民生产总值中的占比持续走高，德国工匠在提高经济实力、促进社会发展方面发挥了重要作用，社会尊重工匠，尤其是实现技术创新的工匠。同样，德国工匠自身也对职业充满了认同感和荣誉感，在其还是学徒时，便被教授要自主自觉地履行职责，要将严谨、专注、细致、认真等品质融入职业精神中。从薪资待遇来看，德国工匠的收入与其社会地位较为对等，并且随着工匠技术的提高，其收入也会逐步提升。一些高级工或熟练工的工资甚至高于部分高收入职业的水准。

从社会环境来看，德国的社会环境适合工匠精神的形成。德国人善于思考、勤于钻研，在全社会营造了乐于学习和动手的良好氛围，在客观上推动了德国工匠精神的形成。同时，良好的经济环境为工匠精神的形成创造了适宜的条件。德国的银行在企业持有大量的股权和控制权，银行工作人员进入企业直接参与经营决策，这种德国特有的银企关系有利于企业的发展和工匠精神的培育。企业性银企关系制度使企业能够摆脱资金困扰，有效缓解企业经营中的市场压力，有利于企业摆脱短期财务目标束缚，转而追求长期利益，使企业更专注于产品加工和制造，从而更好地培育认真、细致、严谨、创新的德国工匠精神。

## 三、德国制造完美逆袭的启示

说起德国制造，人们就会想到许多高品质的企业品牌，如奔驰、宝马、西门子……也许鲜有人知，德国制造在一百多年前是劣质的代名词，更是一种侮辱性的符号。1887 年，英国议会修改了《商标法》的条款，规定所有从德国出口到英国的产品都必须注明“德国制造”，以此将德国生产的劣质产品与英国本土生产的高质量产品区分开来。这是“德国制造”的起源，但是，严谨的德国人用了一百多年的时间，将“德国制造”这个劣质的代名词变成了高品质的代名词，德国转变为世界制造业强国，实现了完美的逆袭。

德国制造的逆袭并不是偶然的。有一张照片叫作“不变的德国”，照片上是第二次世界大战之后德国人所修复的建筑。在第二次世界大战之后，德国所剩的建筑不多了，几乎所有城市都变为废墟。执着的德国人并没有选择就地重建，而是花大力气复原古建筑。他们找出当年的设计图，集合了考古学家、有关学科科学家、建筑师、文化学家、技术工人等，花费了数十年的时间，将建筑修复成原来的样子。由此可知，德国制造得以成功逆袭，得益于他们尊重、热爱、信仰并发扬本国的文化。

德国人的经济学也是“德国制造”完美逆袭的原因之一。德国人不相信物美价廉，他们相信的是质量。有口皆碑的质量、先进专业的技术及优良的售后服务是德国人行商的信条，也是德国人的经济学。德国人造的锅质量好到可以用一百年，有人认为一口锅用的时间太长会影响销量，但德国人认为一口锅用的时间长，是因为质量好，质量好就能得到客户的信赖，自然就能给他带来第二个、第三个客户。德国人对于产品质量与价值的注重让“德国制造”越走越远，很多德国企业生产制造的产品都是高难度、具有世界领先水平的，别国一时半会儿无法制造出来。

如今的德国，已经进入了后工业时代，很多生产车间都是纯机器操作，不需要人工参与。从进料、生产、质检到包装、堆货等所有工序都由机器完成，整个生产过程只需要少量人监控就可以完成。

## 第二节　瑞士的工匠精神及传承

瑞士国土面积小，资源匮乏，在艰难的环境中，瑞士人逐渐意识到，能工巧匠凭借精湛技艺创造的产品的高附加值，才是瑞士产品的核心竞争力，才能让瑞士产品在国际市场上站稳脚跟。一代又一代的瑞士工匠潜心研究技艺，用心打磨，终使“瑞士制造”闻名全球，而瑞士也被冠以“钟表王国”之名。要说瑞士制造成功的秘诀，那就当属瑞士的工匠精神。

## 一、瑞士工匠精神的形成原因

### （一）有力的法律保障和资金投入

瑞士是联邦制国家，各州政府拥有独立的教育立法权和管理权，但唯独职业教育由联邦政府和各州政府共同管理。瑞士联邦政府设立职业教育与技术办公室，专门主管职业教育，主要负责根据国家对职业教育的需要制定各项职业教育和培训政策及发展计划。各州政府同步设立职业教育与技术办公室，负责对职业教育和培训机构进行监督。从管理机构的设置上可以看出瑞士对于职业教育的重视程度。

瑞士人很早就意识到了职业教育的重要性。由于地理环境限制，瑞士国内资源匮乏，许多原材料都依赖进口，导致重工业发展受阻，只能靠加工业立足，这就对工人的职业素质提出了更高的要求。在 20 世纪 30 年代，瑞士联邦政府颁布了第一部联邦职业教育法。2004 年，瑞士新职业教育法颁布，重新对政府和企业职责、专业教学及学徒培训内容、从业人员资格、质量保障机制等作出规定，使瑞士的职业教育拥有了行政管理的法律保障。该法还规定，小学二年级必须开设各类手工课程，以培养学生的劳动兴趣和习惯；从初中二年级开始，学校要对学生进行系统的职业指导。

瑞士不但为职业教育提供了强有力的法律保障，而且提供了强大的资金支持。新职业教育法规定，联邦政府、州政府和行业组织是瑞士职业教育资金的三大主要来源。有关数据显示，2007 年，瑞士中等职业教育经费比普通高中教育经费高出 4 个百分点。由瑞士联邦经济事务部发布的《2008—2011 年教育、科研和创新指南》可知，2011 年，瑞士职业教育获得 12.42 亿瑞士法郎的联邦拨款，如此强大的资金投入为瑞士技能人才培养提供了强有力的资金保障。

### （二）“三元制”人才培养模式

自然资源匮乏的瑞士，选择用人才资源来弥补自然资源的不足。据 2018 年的数据统计，瑞士总人口约为 852 万，却是瑞士社会和经济快速发展的关键所在。瑞士重视教育，尤其是职业教育，被认为是瑞士最出彩的地方。在瑞士人眼中，学历远远没有技能重要，所以，在瑞士，职业教育并不是所谓“差生”的无奈之选，而是国家经济建设的重要组成部分。

瑞士每年有三分之二的初中毕业生选择进入职业学校读书，之后开始工作。瑞士非常重视职业人才的培养，职业培训在整个教育培训体系中占据着非常重要的地位。瑞士各级政府对职业培训投入了大量的人力、物力和财力，有关数据显示，瑞士联邦、各州和市镇三级政府的教育经费之和，相当于全国行政费用支出的五分之一。瑞士的企业也深度参与职业培训，很多大企业都设有培训中心，定期培训员工，更新员工的专业知识，提升员工的专业技能。瑞士的职业教育采用企业、职业院校和行业培训中心“三元制”人才培养模式，学生每周有一至两天的时间在职业院校学习，另有三到四天在企业担任学徒，学生不仅可以在学校学习理论知识，还能够在企业的岗位上学习相应的技能知识，对于企业来说，提前培养学徒的岗位技能，有利于学生毕业后就能快速进入工作状态，这直接为企业提供了大量熟练的技术工人，而熟练的技术工人又为企业生产高品质的产品提供了有力的保障。

（三）尊重工匠的社会氛围

良好的社会氛围是工匠精神和工匠技艺得以传承的必要土壤。瑞士联邦政府高度重视职业教育，并颁布配套法律法规和财政支持政策；瑞士家庭在子女的教育与择业问题上，通常也采取尊重的态度，他们认为，只要孩子爱钻研、积极上进、热爱生活、爱岗敬业，将自己的本职工作做好，就能成为行业精英，家长们普遍认为，社会需要各行各业的精英，行业与行业之间是平等的；瑞士企业乐意为职业学校培养学徒，并且企业以培养学徒为荣；瑞士人从小就被灌输一种理念——一个健全的人必须掌握一门技能，并获得一份工作。从国家到家庭，从企业到个人，都尊崇崇尚劳动、注重技能、尊重工匠的理念文化，正是这样和谐的社会氛围，给瑞士工匠精神培育与传承提供了良好的土壤，从而让瑞士的人才培养、精品制造在世界舞台上开花。

（四）资源整合与提炼的能力

辉煌成就的背后必定少不了一段艰辛的岁月，瑞士制造也不例外。瑞士人凭借锲而不舍的韧劲、敏锐的观察力和丰富的创造力，在面临“石英危机”时，拒绝随波逐流，而是选择沉淀自己、自我反思、整合资源、另辟蹊径，将钻石、陶瓷、橡胶、金属等资源进行整合，制成精美的艺术作品，从而度过危机。虽然花费二十多年的时间进行转型升级，但从未想过放弃，这足以体现一个民族执着坚守、勇敢面对的高贵精神品质。

瑞士的国土面积仅有 4 万多平方千米，人少地小、资源不足的基本国情，使得瑞士只能走精品制造的发展道路。这就要求工人在生产过程中要珍惜资源、物尽其用、创新发展，不断提高资源利用率，同时还要提高产品的性价比，以增加产品的竞争优势。这就对工人的技艺娴熟度和创新能力提出了更高的要求，敏锐的观察力、丰富的创造力、资源的整合力淬炼了工匠的匠人品质和工匠精神。

### （五）信誉品质的延续与传承

瑞士国小人少，但经济实力不容小觑，在世界 500 强企业中，瑞士有十余家企业上榜，其中，像嘉能可、雀巢、瑞银等更是拥有影响全球市场的能力。瑞士在工业制造、医药、金融、零售等行业中都有知名企业。

一个领土面积不足 5 万平方千米、人口不足 1 000 万的国家，为什么能拥有十余家世界 500 强企业，而且这些企业大多是拥有百年以上历史的世界知名公司呢？这和瑞士企业高度注重产品质量和价值的企业文化有关，瑞士企业的道德水准和职业水准都很高。瑞士企业始终坚持以品质取胜，不打价格战，不相信物美价廉。当然，瑞士企业也追求利润，但并不是一味地只追求利润，而是以更长远的眼光来分配利润。他们在保留合理的利润的同时，将部分利润投入产品的质量提升和服务完善上，对产品的精益求精、对服务的尽善尽美，正是瑞士产品享誉全球、瑞士工匠精神得以形成的关键所在。

## 二、瑞士工匠精神的基本特质

### （一）“一生专注一行”的执着坚守

瑞士人特别淳朴，这也是其工匠精神得以形成的原因之一。很多瑞士工匠一生只做一行，一生专注于做一件事，有的甚至是整个家族几代人只专注于做一件事。瑞士有很多制表工匠、珠宝工匠等手艺人，他们很少想着把自己的生意如何做大、如何上市融资、如何多开几家店赚更多的钱，而是专注于自己的手艺是否精湛、如何把自己的手艺传承给自己的子孙后代，让他们把手艺一直传下去，让自己的店、自己的品牌可以流芳百世。

这是瑞士工匠的普遍想法，守住自己的匠心，不浮躁、不取巧，专注于不断提高自己的技艺。

说到瑞士工匠，就不得不提瑞士钟表，瑞士钟表堪称瑞士制造的代名词。钟表行业属于精密型手工业，精密的操作极其考验操作工人的心境。瑞士有名的钟表品牌大多是上百年的老店，有些甚至已经成为世界钟表领域的一线品牌。百年品牌的延续，不仅是技艺技能的传承，更是匠人们工匠精神的传承。在日内瓦，很多钟表厂的老工匠们一干就是几十年，还有一些家族作坊，是一个家族好几代人传承下来的，他们脑子里想的不是怎么赚钱，而是如何把这份手艺传承下去，不论周遭环境如何变化，他们仍然坚守着最初的一颗匠心。20 世纪 70 年代，日本人推出石英表，因价格低廉、设计精美而迅速抢占钟表市场，给瑞士的钟表行业带来了很大的冲击。瑞士的传统机械表经历了前所未有的“石英危机”，瑞士钟表的出口量从 8 000 多万块跌至 3 000 多万块，近一半的钟表企业倒闭，十多万名钟表工匠失业。当时，有很多人认为，瑞士钟表，尤其是瑞士机械表的时代要过去了。然而，瑞士的钟表工匠们并没有向市场妥协，而是专注于创新升级，始终坚持制作手工机械表，重新调整定位，退出低端市场，瞄准高端市场。在经历了二十多年的执着坚守后，瑞士钟表不仅度过了低谷，还迎来了空前的繁荣。

### （二）“没有最好，只有更好”的精益求精

瑞士的工匠注重开拓创新，开拓创新与执着坚守并不矛盾，这是精益求精的必然结果。每个人都有自己的工作态度，瑞士工匠的工作态度就是以高度的责任心专注认真地做好每一件平凡的小事，正是这种平凡的态度，成就了瑞士制造的不平凡。在瑞士工匠的眼里，没有最好，只有更好，这绝不是一句空洞的口号，而是几代瑞士工匠身体力行的信条。他们为了追求产品的极致化体验，在提升技艺、打磨产品的道路上不断创新、勇敢前行。

1582 年，意大利教皇格里高利十三世推行现代历法改革，将平年、闰年的规律更改为现行的公历，即“四年一闰、百年不闰、四百年再闰”。善于思考、追求极致的瑞士钟表工匠开始给自己“出难题”，他们尝试着开发具备万年历功能的机械表。1615 年，日内瓦的钟表工匠成功地制作出了世界上第一块具有万年历功能的钟表。

由于机械表擒纵系统中的游丝会受到松紧度等因素的影响，摆轮的摆动也会受到地心引力的影响，所以容易出现误差。追求极致的瑞士工匠无法容忍机械表的这一不足，瑞士钟表大师路易·宝玑先生在1795年发明了一种精巧绝伦的钟表调整装置——陀飞轮。这是一项伟大的发明，它由72个极为精细的零件组成，其中大部分零件都需要手工制作，其质量不超过0.3克，轻若鸿毛，对机械表行业的贡献却重如泰山，它能够最大限度地使机械表的摆轮摆脱地心引力的影响，提高走时精准度。如今，陀飞轮表代表着机械表制造工艺中的最高水平，被誉为“表中之王”。

瑞士工匠一直奉行“没有最好，只有更好”的信条，不断地升级创新钟表技术，丰富钟表的功能，陀飞轮、万年历、月相、两地时、升级版的陀飞轮等极其复杂的工艺，充分展现了瑞士工匠对于钟表技艺的不断创新和与时俱进。

### （三）“不容一丝瑕疵”的一丝不苟

瑞士的工匠在制作产品的过程中，严谨精细、一丝不苟，每一道工序都要符合标准，每一个零部件都要精心打磨，容不得半点马虎和一丝瑕疵。

瑞士钟表的制作需要经过1 200道工序，有254个零件需要精细打磨，一位瑞士钟表工匠布克曾经说道：“制表匠的工作烦琐而枯燥，有时一个零件可能要花上一整天的时间来打磨。”钟表工匠对每一个零件都精心打磨、细心雕琢，对每一道工序都极具耐心、追求完美，仿佛要把每一件作品都制成传世精品。

维氏军刀是除瑞士钟表以外瑞士制造的另一个重要符号。在维氏工匠的世界里，一把瑞士军刀的长度必须是91mm，因为这是口袋能容纳的工具的最佳长度。一款91mm长的经典款瑞士军刀，共8层，能收纳22种工具，由64个部分装配而成，它的制作一共需要经过450道生产工序。其中的任何一个环节都是公开的，每一道工序所需要的原材料及其标准都很明确，这是维氏集团一代代的工匠们经过100多年的摸索而得出的。单说折叠军刀主刀片的生产步骤就有7步，每一步完成后都要通过质量检测才能进入下一步，刀片的最终硬度必须达到56RC（硬度单位）。此外，刀片中所含的碳、铬、钒、钼等金属元素的含量都有明确的百分比标准。折叠军刀的刀片厚度也不允许出现太大的误差，否则会导致刀片无法装进刀把内。维氏生产的其他工具，如锯子、剪刀、螺丝刀、弹簧、开瓶器等的金属硬度各不相同，如果没有达到标准，则产品的功能就会受到影响。

无论是钟表还是军刀，不仅需要工匠具有平和的心态，还要具备追求极致的精神、精益求精的精神和不容一丝瑕疵的敬业精神，这些正是瑞士品牌百年不衰的原因之一。

## 三、钟表王国屹立不倒的启示

### （一）营造专注专业的社会环境

工匠是一种职业，当人们选择从事某种职业时，其主要考虑的因素应该是这个职业的待遇、发展空间和人生价值的实现。因此，培育大国工匠，除了关注精神层面，职业的收入状况、晋升制度、社会保障等也是重点考虑因素。在瑞士，一名 25 岁左右的非熟练工人的年薪为 31 700 ~ 37 000瑞士法郎（折合人民币为 22.9 万 ~26.8 万元），一名拥有 10 年工龄的熟练工人的年薪为 44 900 ~56 100 瑞士法郎（折合人民币为 32.5 万 ~40.6 万元）。良好的经济收入是瑞士工匠能如此专注于自己技艺的原因之一。只有关注每一位工人的工作和生活，为他们创造良好的工作环境和生活条件，解除他们的后顾之忧，才能使他们更安心、更专注地对待工作。同时，要让每一种职业都有人生出彩的机会，给予行业内的优秀工匠表彰与宣传，让其感受实现自身价值的成就感，让年轻的工匠有更强的行业认同感和从业荣誉感。要使优秀的工匠在政治上有待遇、在社会上有地位、在经济上有能力、在职业上有保障，为各行各业的劳动者营造专注专业的社会环境。

### （二）树立尊重劳动的价值取向

工匠精神的养成必须有与之相适应的价值观念和文化氛围，瑞士也不例外，其工匠精神的养成与其社会的价值观念和文化氛围是分不开的，主要体现在四个崇尚上。一是崇尚劳动，要尊重生产一线的劳动者及其劳动，这一点最基本，也最必要；二是崇尚技能，要让技能人才有较高的社会地位、较好的收入和发展空间；三是崇尚创新，在执着坚守的同时进行创新，只有创新，才能有源源不断的发展动力，创新是工匠精神的关键；

四是崇尚“十年磨一剑”的理念，互联网的发展让越来越多的人变得浮躁，然而，高水准的产品和高质量的服务是需要时间来沉淀的，要引导人们摆脱“短平快”的思想，戒骄戒躁，树立专注专业、专注技艺、踏实兴业的理念。

（三）完善现代职业教育体系

职业教育与培养工匠有着密不可分的关系。我国拥有世界上规模最大的职业教育体系，但由于种种原因，我国的职业教育并没有得到很好的发展。职业院校更多的是学生中考、高考失利后的无奈之选，并非自主选择，更谈不上个人爱好了，因此，学生对于职业教育普遍缺乏自我认同感。反观瑞士，其教育的特点是：初中教育普及；高中比重小，职业学校比重大；大学教学质量高。瑞士的初中生在完成义务教育后，有30%的学生选择到普通高中就读，并准备上大学；有5%的学生进入实科高中，可以做升学和就业两手准备；有65%的学生选择进入职业学校学习，而这些人中又有90%以上的学生将在毕业后直接就业。瑞士还设立了“十年级”，以便那些完成义务教育后仍不能决定自己去向的学生到就近的普通中学或职业学校试读，待其适应后再作出选择。由此可见，瑞士能够从体制和机制上对职业教育进行改革，建立多元机制提升职业教育办学质量，完善现代职业教育体系，多渠道提升职业教育整体水平。

（四）落实严格的企业失德惩罚机制

瑞士人遵守企业道德，他们将产品的质量看得非常重。在瑞士，往往有许多专注于某个领域或某个产品的“小公司”，或者花费大量时间专注于出精品的“慢公司”，但极少出现“差公司”，更别提“假公司”了。这一良好现象的形成，有政府的法律威慑、行业组织的老规矩限制、企业的文化引导、民族的精神影响及个人的道德约束等多方面的原因，因此，工匠精神的形成也离不开这些方面的影响。客观事实决定主观意识，在这些影响因素中，最客观的是政府的法律威慑，政府通过有效的法律法规对企业失德、失信等采取零容忍的态度，使生产制造高质量产品成为企业的普遍选择。同时，政府加强对国家强制性标准执行情况的监督检查，加大对制作、销售假冒伪劣产品的打击力度，加强行业协会、商会制度建设，引导企业专注产品质量并注重工匠精神的培育。

# 第三节　日本的工匠精神及传承

## 一、日本工匠精神的形成要素

### （一）匠人文化

匠人文化是日本的传统文化，在日文中，“匠人”的写法是“职人”，故“匠人文化”也称“职人文化”，与之类似，日本的工匠精神也被称为“匠人精神”或“职人精神”。日本向来尊崇工匠，所以在社会的各行各业中涌现出了大量优秀的匠人。日本工匠认为，手艺的熟练程度、作品的质量关乎自身的人格和尊严。这份近乎自负的自尊心，促使日本工匠对自己的技艺要求甚为苛刻，他们在工作过程中总是不厌其烦、追求极致。日本的匠人精神体现了日本的造物文化，日本匠人是指在某个领域或某个产品制造方面具有精湛技艺和丰富经验的手工业者，因此，匠人慢慢地被引申为“在造物方面优秀的职人”。所以，日本匠人又被尊称为大工、名家。日本的匠人文化可以用一个日本人自造的成语来诠释——一所悬命，意思是一生从一而终地尽力去做某一件事。这一文化理念深入日本人的骨髓，成为日本人的常识性理念。

### （二）哲学思维

日本著名儒学家冈田武彦先生在他的著作中是这样论述的，他认为日本的文化是一种崇物文化，他还总结出“简素”和“崇物”这两个日本文化的特质。例如，日本陶艺中蕴含的自然、质朴和淡雅就很好地体现了“简素”思想。在日本人看来，“物”并非单纯的物质，无论是生物还是非生物，都具有灵魂和情感。人若无物，便不复存在，因此，日本人对于“物”是充满崇敬和感激之情的。这种崇物的理念融入日本人的血液，也渗透到了日本人的生活当中。例如，在日本的城市里到处可见个性化的设计，餐馆不起眼的园林小品、街市中的小栅栏、住宅区里的小围墙等，这些看似不起眼的设计，体现着一个国家、一个社会的文化精神，可以说，日本的工匠精神根植于“简素”与“崇物”的文化厚土中。

（三）宗教信仰

自古以来，日本盛行泛神论，神佛信仰根植于人心。在日本人的意识里，天皇是日本祖先神的代表，因此，天皇一族受到日本百姓的顶礼膜拜。在日本人眼里，他们的职业不仅是自己谋生的手段，更是“神赐之业”，他们怀着虔诚的信仰做好自己的本职工作，是对神明、祖先和天皇感恩、尽忠的一种形式。这种“神业观念”是日本工匠文化的特色，它从精神层面使日本人敬业、爱业，是日本工匠精神萌芽的重要因素。

在日本人眼里，神佛是有形的、可见的，反之，有形的、可见的东西也是有神性和佛性的。因此，日本人对“物”是怀有崇敬和敬畏之心的，日本工匠秉承的最重要的思想就是要造物到极致，使物与人的灵魂相通，也就是赋予物以灵魂，赋予设计以灵魂。这也是日本工匠精神形成的重要基础。

## 二、日本工匠精神的特点

相关调查显示，截至 2017 年，日本企业寿命超过 100 年的有 30 000 多家，超过 200 年的有 3 000 多家，超过 500 年的有 30 多家，超过 1 000 年的有 7 家，占全球长寿企业的 56%，居世界之最。是什么样的精神能让如此多的日本企业延续百年甚至千年呢？这一问题值得全球企业深思。

（一）活干不好，丢人

日本工匠挂在嘴边的一句话是：“活干不好，丢人。”假如主家的木料质量不佳，木匠就会拒绝为其工作，因为“传出去这活儿是我做的，我没脸见人”。日本的工匠认为，工作做得好不好关乎人格与尊严，这既是对自己手艺的尊重，又是对自己工作的热爱。日本有一家寿命很长的企业——株式会社金刚组，主要承建佛舍寺庙等宗教建筑，距今已有 1 400 多年的历史。它的第 40 代当家人金刚正和曾说过：“等到两三百年以后，把这些建筑物拆开的时候，人家负责拆房子的木匠会想起我们这些匠人来的。他们会感叹说，瞧这活儿，干得真棒！”从这段话中可以看出金刚组的企业信念：热爱自己的工作；坚守本职工作并探寻其精髓，以求达到更高境界；提供高品质的产品与服务，让产品的寿命比自己的寿命长；祈盼后人看到并认可自己的匠心、匠技。日本工匠精神的一大特色是：他们认为，工作不仅是赚钱的手段，更是对神佛的敬意，要秉持执着专注的工作态度，对自己所做的事或所生产的产品精益求精、精雕细琢。在众多的日本企业中，“工匠精神”已经成为一种文化与思想上的共同价值观，这种价值观孕育出企业的内生动力。

（二）一生专注于做一件事

在日本，很多工匠花费一生的时间专注于做一件事，很多企业做一件事能够坚持上百年。不厌其烦、追求极致地做好一件事，是日本工匠精神的一大特点。日本有一个工匠名叫冈野信雄，他一生只做一件事：修复旧书。对于这件常人看来枯燥无味的事，他却乐此不疲。数十年的坚持造就了他高超的修复技术，任何严重污损的书，他都能修复如新，令人叹为观止。日本有一家叫作哈德洛克工业株式会社的公司专门生产螺母，公司员工仅有 45 人，他们的订单却来自全世界，因为哈德洛克是全世界唯一一家能生产出绝不松动的螺母的生产商，同行即使得到图纸也无法模仿其产品。在日本，像冈野信雄这样的人、像哈德洛克这样的企业到处可见，他们一生只专注于做好一件事，将这件事做到极致，做到无人可以取代。

（三）深植“一流之根”

日本有一位优秀的木匠，名叫秋山利辉，他认为，作为资源不多的岛国之所以能繁荣至今，是因为日本人特有的精神，技术可以被超越，但精神很难被模仿。他致力于将日本人特有的精神一代代地传承下去，为此，他创立了“秋山木工”，这是一家专门手工制作一流家具的企业，也是一所培养一流工匠的职业学校。这家仅有 34 人的企业，年销售额却高达 11 亿日元，同时，还被誉为日本最具有匠人精神的学校。秋山通过“八年寄宿制”的工学结合培养模式，为到秋山木工学习的年轻人深植“一流之根”，第一年学习见习课程，主要是基本习惯和理论；接下来是为期四年的学徒阶段；学徒期满，技术和心性达到一定程度后，才能被秋山认定为“工匠”，开始三年的工匠学习期，边工作边学习。经历一年学员、四年学徒和三年工匠的学习和磨炼，八年后才能自立，成为一名合格的工匠。日本还存在很多像秋山利辉一样的优秀工匠，用自己的方式向年轻一辈传递工匠精神，让“一流之根”一代代地传承下去。

## 三、日本工匠精神的当代传承

### （一）日本工匠精神传承的载体——工匠阶级的发展

日本的文化孕育了其工匠精神，但日本工匠精神诞生和发展的关键因素是其近代的工业化发展。工业化发展促进了社会和经济的快速发展，从而使工匠阶级发展壮大，工匠阶级的发展又为日本工匠精神的传承提供了坚实的载体。日本江户时代（又称德川时代）社会稳定、经济繁荣，各行各业慢慢发展起来，町人阶层逐渐成为城市居民的代表阶层，町人大多是商人，还有一部分是工匠或从事手工业的人。在日本近代，社会阶层等级分明，从高到低依次为将军、大名（控制着大量的土地，手下聚集着自己的武士）、武士、农民、手工业者（包括铁匠、陶工、木匠等各种工匠）和商人。武士阶层将手工业者和商人阶层统称为町人阶级，但日本官方的正统理学观念还是对这两个阶层做了明确的划分。这就说明，日本社会认可手工业者对社会所做的贡献，他们是城市建设、物质生产等社会运转过程中的重要力量。

随着日本社会与经济的发展，日本的工匠阶级得到了较好的发展与壮大，其在经济发展中的作用也日益凸显。明治维新时期，日本大力发展资本主义以实现工业化，通过引进国外的先进技术来促进本国的经济发展，与此同时，西方的先进思想也涌入日本，与日本传统的职业观念相融合，日本年轻一代工匠在努力工作、认真实践的同时，还要为实现工业化而奋斗。他们一方面通过各种渠道学习西方的先进知识，另一方面在传统匠人那里当学徒学习技艺，这一时期涌现了一大批技术人才和杰出工匠。日本工匠无论从数量上还是质量上都有了很大的进步。日本著名经济评论家内桥克人先生曾这样评价：“日本的现代产业发展是日本匠人们干出来的，匠人在工业化进程中起着举足轻重的作用。”

如今，日本匠人已经泛化为各行各业的职业人，行业内对其最高的称谓是“巨匠”，在日本人看来，“巨匠”无论从事哪种职业，都能够在本职工作中做到勤恳细致、敬业专注、尽善尽美。正是这种精神促进了日本经济的发展，也造就了日本企业的长盛不衰。

（二）日本工匠精神传承模式之家庭培养

日本是世界上拥有长寿企业最多的国家，其中大多数长寿企业是家族企业。在日本的工匠精神传承过程中，“家”是不容忽视的存在。在日本，受宗教信仰的影响，“家”和“业”都是神圣的存在，当“家”和“业”相连形成“家业”，“家”成为“业”的永续载体后，“家”则变得更为神圣，“家业”则被日本人认为是“天赐神业”。这就是日本人对“家”和“家业”最本质的观念，也是日本人赋予“家”和“家业”的深刻内涵。

在传统中国，“家业”的传承模式是“子承父业”，特别强调血缘关系，并且存在“传男不传女”“传媳不传婿”等诸多规矩，这种传承模式很容易导致传统技艺的中断甚至消亡。但是在日本，“家业”的传承又是另一番景象。日本有收养直系家族子女、非血缘养子、婿养子等习俗，这使日本的“家”超越了血缘的限制，“家业”成为永续的经营体。日本家族工匠技艺的传承是以贤为主的，接班人一般从5岁开始接受培养，从小耳濡目染并且亲身实践，且接班人的选择范围较大，其素质和能力就得到了保证。日本很多家族企业都传承了几百年之久，这种超越血缘限制的“家业”传承模式为培育工匠精神提供了最根本的支撑，并且这种模式得到了社会的认可与发扬。

（三）日本工匠精神传承模式之社会培养

除了家族传承模式，日本还有一种非常重要的工匠精神传承模式——社会培养模式，也就是职业教育培养模式。日本的职业教育体系由三大部分构成，即学校系统下的职业教育、企业系统下的职业教育和社会保障系统下的终身教育。无论哪一种职业教育，其定位都是一样的，即满足国家发展的需求，培养不同层次的高质量专业技术人才。

20世纪初，日本进入工业化进程的关键期，需要大量技术技能人才，当时日本的职业教育以学校教育为主，设有实业学校、实业实习学校、徒弟学校、专修学校、实业专科学校等，职业学校达到500多所，在校生达到75 000人，为日本工业的崛起提供了技术人才支撑。到了20世纪80年代，日本制定“技术立国”的经济发展新战略，职业教育适时调整，不断增强办学的灵活性，专业设置更加多元化，课程设置更具实践性和针对性，为社会发展提供了大量的专门人才。日本的职业教育是贯穿于整个教育体系的，日本的小学和初中都开设相关课程，让学生从小了解职业理念和职业技能；高中则进行分流，分为普通高中、职业高中和综合高中；大学也有职业教育和短期大学，由此可以看出，日本的职业教育是比较系统的。

为了对接市场需求，日本的学校在专业、课程、教学管理模式等方面都与企业深度对接，从而极大地保证了职业教育的质量，促进了工匠精神的培育。同时，学生在校企合作的过程中，通过接触企业的先进技术和企业文化，能够提高其对企业的认同感、归属感和忠诚度。日本企业系统下的职业教育实行终身教育体制。在日本企业看来，企业员工的学习能力是企业长期发展的内在动力。此外，日本企业实行的人力资源管理制度是独具特色的“终身雇佣制”，这种稳固的雇佣关系能够激发企业员工对工作的热情与积极性，激发其对企业的认同感与忠诚度。实践证明，终身雇佣制对于日本工匠精神的培育及日本企业成为长寿企业，确实起到了至关重要的作用。

## 第四节　美国的工匠精神及传承

在美国人看来，工匠与财富的创造是紧密相关的，工匠精神是美国快速发展的重要动力。“工匠”这一群体在美国是极具影响力的群体，美国的开国元勋很多都以“工匠”的身份为人们所铭记。美国工匠不仅推动了美国经济的发展，也丰富和发展了美国的文化。

### 一、美国工匠精神的发展史

美国于1776年建国，历经两百多年的发展，在经济、文化、工业等领域都处于全世界的领先地位，成为世界超级大国。究其根源，可以发现本杰明·富兰克林、乔治·华盛顿、托马斯·杰斐逊等开国元勋都曾以“工匠”的身份改变着美国，甚至改变着整个世界。

本杰明·富兰克林是美国开国三杰之一，是美国著名的政治家、发明家、物理学家，同时也被称为美国的第一位工匠。他发明了避雷针、摇椅、玻璃琴、老人双焦距眼镜，提出了电荷守恒定律，改进了路灯，改良了壁炉……他在电学、热学、光学、数学等领域都有着重大贡献。乔治·华盛顿是美国的第一位总统，也是一位对生活充满激情、极富创造力的人。他把自己当作一名农夫，美国教育家这样评价他："他永远在留意更好的方法，为了发现最好的肥料、最好的避免作物病虫害的方式、最好的培育方法，他愿意倾其所有，他曾说过，他不愿意沿着父辈们走出的道路前行。"他被称为"美国最先开展农场实验的农业工作者之一"。在那个生产和生活极为不便利的时代，以他们为代表的美国工匠们热爱探索，通过博学和好奇心去洞察生活中许多事物的精妙之处。他们开放的思维、敏锐的眼光、强大的实践能力和改变生活、改变世界的勇气是值得后人学习的。

从他们身上可以看到，在美国建立初期，工匠精神更多的是一种思维方式的体现，是对生活的热爱和对高品质生活的追求，工匠们通过不断尝试来改善生活环境、改变生活方式。

随后，美国的机械化工厂、高速公路和通信网络大规模铺开，生产力得到飞速发展。这样的大环境孕育了一位伟大的发明家——托马斯·阿尔瓦·爱迪生，他怀着一颗好奇的心和超越常人的无穷精力，持之以恒、专心致志地发明创造，在留声机、电灯、电话、电报、电影等方面贡献了无数发明，轰动全世界，其在矿业、建筑业、工业等领域的发明和真知灼见也为美国乃至全世界作出了巨大的贡献。

电灯并不是由爱迪生一个人发明的，而是由一群人的多个发明组合而成的，这群人就是美国历史上第一个真正意义上的合作团队，它让美国告别了工匠"单打独斗"的时代，同时完善了工匠模式，开启了一个全新的工匠精神培育和发展的时代。

## 二、美国工匠精神的内涵

美国当代最著名的发明家迪恩·卡门曾这样描述工匠："工匠的本质，是收集改装可利用的技术来解决问题或创造解决问题的方法，从而创造财富，并不仅仅是这个国家的一部分，更是让这个国家生生不息的源泉。简单来说，任何人只要有好点子且有时间去努力实现，就可以被称为工匠。"由此可以看出，美国工匠精神的内涵是开拓创新、实用主义和职业品质。

### （一）开拓创新

开拓创新是美国成为强国的资本，也是美国工匠精神的根基。美国人崇尚自由，思想不固化且执着于探索新生事物，乐于用狂热的想法去尝试各种可能性。

有关数据显示，美国、德国、日本在制造业创新方面全球领先，这三个国家在制造业发展的人才培养、创新政策、基础设施建设及法律监管等驱动因素方面具有明显的竞争优势。迪恩·卡门曾经这样自豪地表述美国的创新能力：“我们是制造汽车的第一人；当汽车成功地成为商品时，我们又开始制造飞机；当飞机成功地成为商品时，我们又开始制造计算机；当计算机成功地成为商品时，我们又开始制造软件；然后，我们开创了蛋白组学和基因组学。”他认为，美国一直引领着世界进行科技创新，是一个创造财富的伟大国家。

### （二）实用主义

美国人本能地热衷于实物的创造，并愿意为之付出漫长的时间去努力实践。实用主义是美国工匠精神的重要内涵，它是由美国的基本国情和本土文化衍生出来的一种本土精神，在其历史发展过程中深深地融入美国人民的血液，成为美国工匠的思维惯性。从建国初期，为改善生产和生活所做的创新实践，到当代为应对金融危机、重新恢复生产活力而制定的“先进制造业国家战略”，无不体现了美国工匠精神的实用主义。

### （三）职业品质

如果说美国工匠精神中的开拓创新是从无到有的，那么其职业品质则是从有到优、从优到精的。美国工匠不仅具备丰富的创造力和极强的实践能力，还具备精益求精、耐心坚守等优秀的职业品质，正是以这些优秀的职业品质为基础，美国的创新发展之路才有质量保障，美国才能顺利成为世界上首屈一指的工业强国。

## 三、美国工匠精神的传承保障

### （一）丰富多元的职业教育教学模式

美国是世界上较早开展职业人才培养的国家，曾设立“文实”学校，专门进行实用知识和技能的传授。美国政府于 1984 年颁布职业教育的纲领性文件《帕金斯职业教育法案》，并先后三次修订此法案，由此体现了美国政府对职业教育培养工匠人才的重视。经过不断的摸索与实践，美国的职业教育教学模式百花齐放。20 世纪早期，美国辛辛那提大学首次推出“校企合作”的职业教育教学模式，即由学校和企业共同培养学生，学生在学校学习理论知识与在企业学习技能知识的时间各占一半，实行交替式教学模式。随后出现的并行式、双重制等教学模式都是由这种“校企合作”的教学模式衍生而来的。20 世纪 70 年代中期，美国出现了一种比较成功的教育合作模式——企业与学校合作的契约模式。这种模式开创性地在学校和企业之间建立了一种互利共赢的契约关系，这种教学教研开发与职业技能培训结合的教学模式，让学生提前了解就业前景及岗位需求，有利于学生综合能力的培养。能力本位教学模式也是美国一种典型的职业教育教学模式，它根据学生的情况实行个性化教学，课程的开设遵从从易到难的规律，易于学生接受。这种教学模式强调学生的主观能动性，由学生自主制订学习计划，随时进行职业能力考核，各科成绩合格即可毕业，这种教学模式使学生的学习质量得以保障。丰富多元的职业教育教学模式，为美国工匠精神的培育提供了充足的养分，使其得以不断发展。

### （二）有利于工匠精神传承的社会经济环境

工匠精神的产生与传承离不开良好的社会经济环境，与德国、瑞士和日本等其他制造业强国一样，美国工匠精神的产生与传承也得益于良好的社会经济环境。

于工匠个人而言，工匠拥有良好的收入和较高的社会地位，这不仅能提高工匠的职业认同感和归属感，也能让工匠更专注于技艺提升和生产创造，从而有助于工匠精神的产生和传承；于企业而言，良好的经济环境有利于企业建立完善的企业管理制度，给企业带来良好的融资环境，同时企业能够专注于技术革新、产品升级和品牌塑造，为工匠精神的传承提供有利的外部条件。

### （三）促进工匠精神传承的行业标准化管理体系

美国发明家伊莱·惠特尼首创了生产分工专业化、产品零部件标准化的生产方式，为提高美国制造业的生产效率和生产质量提供了坚实的保障。美国工匠精神的传承离不开其制造行业标准化的意识和完善的标准化管理体系。

综上，本章比较分析了德国、瑞士、日本、美国等制造业强国在工匠精神培育和传承方面的区别，归纳总结了这些国家在工匠精神培育和传承方面的成功经验，从而有助于我们更理性、更正确地开展工匠精神的培育实践，更好地弘扬大国工匠精神，早日实现我国从制造大国向制造强国的转变。

# 第六章　职业教育系统培育工匠精神的学校模式

职业教育是一种特殊的教育类型，在国民教育体系中有着自身的地位和不可替代的作用。学校模式是职业教育的基本办学模式，职业院校是人才培养的主阵地，担负着为产业发展提供人才和智力支撑的重任。新时代职业教育系统培育工匠精神的重点应落在人才培养上。职业院校应树立工匠型人才培养的目标，以职业技能、家国情怀、公民道德、文化传统、职业精神、发展能力为内容，走校企合作、多元参与的路线，将工匠精神培育贯穿于人才培养的全过程。

## 第一节　职业教育在工匠精神培育中具有不可替代的作用

### 一、职业教育是一种特殊的教育类型

改革开放以来，教育界已经基本形成了“职业教育是一种教育类型”的共识。《国务院关于印发国家职业教育改革实施方案的通知》明确提到，职业教育与普通教育是两种不同的教育类型，具有同等重要地位；同时也指出，改革开放以来，职业教育为我国经济社会发展提供了有力的人才和智力支撑，现代职业教育体系框架全面建成，服务经济社会发展能力和社会吸引力不断增强，具备了基本实现现代化的诸多有利条件和良好工作基础。作为一种特殊的教育类型，而不是高等教育的一个层次，职业教育的内涵和外延是什么，其核心特质又是什么，这些都是值得深入研究的

问题。

近年来，国内外已有一批先行学者对此进行了比较深入的研究。姜大源（2008 年）认为，职业教育作为一种区别于普通教育的教育类型有两个标志：一是培养目标的就业导向性；二是基于工作过程系统化的动态课程结构。陈正江（2019 年）认为，跨界性是职业教育的类型特色，包括来源机构的跨界性、组建方式的跨界性、办学运行的跨界性三个方面。李玉静（2019 年）认为，必须结合新时代的经济社会背景及职业教育的动态变化来分析职业教育的类型特征。在新的时代背景下，开放性、灵活性、多元化和个性化是职业教育的核心类型特征。

有欧洲的研究者从认识论、目的论、层次论的角度将职业教育界定为“为社会所需要的中等层次职业开发和应用知识与技能的教育与培训”（Moodie，2008 年）。欧洲职业培训发展中心的研究者认为，以实践知识、隐性知识、个人和情境化知识为特征的缄默知识是职业教育知识体系的核心特征，工作本位学习或情境化教学是职业教育教学实施的本质特征（Cedefop，2017 年）。职业教育体系与普通教育体系、继续教育体系双向沟通、融会贯通，职业教育体系具有自身的层次结构。初等职业教育使学习者获得基本的工作和生活技能；中等职业教育是现代职业教育体系的基础，主要开展基础性的知识、技术和技能教育；高等职业教育是以培养生产、建设、管理、服务第一线的高等应用型专门人才为目标的一种高等教育类型，是职业教育的高层次和一种全新的教育形式，兼具高等性、职业性和教育性特点。本书主要研究高等职业教育在工匠精神培育中的作用。

## 二、职业教育在工匠精神培育中的不可替代性

教育既受社会的影响，又受不同社会观的支配，故社会学是教育的理论基础，其中最具代表性的是功能论社会学。功能论社会学的代表人物涂尔干认为，每个社会都由许多不同质的部分组成的一个相对持久、相对稳定的结构，社会制度、组织、行为及角色的分配构成了这一结构。社会结构的各个组成部分相互依存、彼此协调，形成一个完整的整体。帕森斯认为，社会是一个生命有机体，社会各系统相互连接。功能论社会学强调社会的稳定、和谐，主张稳中求进，同时认为教育是社会系统中的重要子系统，与经济、政治、文化等子系统之间有着相互依存的关系。职业教育是

与经济发展联系最为紧密的一种教育类型，随着时代的发展，职业教育的发展越来越离不开政府和社会在人、财、物、政策、环境等方面的支持，社会经济的发展也越来越离不开职业教育在人才与科技等方面的支撑。职业教育已经成为促进国家经济发展、技术积累与进步、文化传承与创新的必要条件，其对社会的影响力从没有当下这样巨大。

由于职业教育对社会与经济发展的巨大作用，职业教育人才培养的质量与社会服务能力越来越受到重视，由此诞生的以职业能力为中心的职业教育价值取向带有明显的功利主义色彩，甚至产生了“技术主义”导向，将学生当作“工具人”来培养。受“技术主义”的影响，职业教育人才培养以技术教育为核心，着重对学生进行高强度的技术训练，促使学生在短时间内掌握某种特定职业所需的基本技能，这直接导致职业教育人才培养质量中素养的缺失，教育最本真的“人的价值”被忽视。从教育的本质来看，职业教育首先应当是“人的教育”，要为社会培养德智体美劳全面发展的社会主义事业建设者和接班人，这是由我国的教育方针所决定的，也是职业教育的出发点和落脚点。职业技能固然重要，但是职业素养和职业精神的培养也不应被忽视。在关注技能提升的同时，还应该满足人的自身发展，注重人的素质能力、道德品质、文化修养、职业精神的提升，现代职业教育应该是职业技能与职业精神的高度融合。职业精神包括工作中所需要的敬业守信、精益求精、吃苦耐劳、强烈的责任感和荣誉感、良好的职业操守和职业道德等，是人的自由发展、形成行为规范的内在精神。由于职业教育是一种为社会培养人又使人成为真正意义上的人的教育，因而职业教育在工匠精神培育中具有不可替代的重要地位。

## 三、职业教育的学校本位办学模式

国际上，根据办学主体、办学目标和学制形式等不同，可以将职业教育的办学模式分为以学校为本位的模式、以企业为本位的模式、以社会为本位的模式和学校-企业综合模式。通常，发展中国家采用以学校为本位的职业教育办学模式，我国是这种办学模式的典型代表。在我国，这种办学模式被认为是正统、正规的，也是最容易被民众广泛接受的。日本则是以企业为本位的职业教育办学模式的典型代表，德国是学校-企业综合模式的典型代表，美国是以社会为本位的职业教育办学模式的典型代表。与其他几种职业教育办学模式相比，以学校为本位的职业教育办学模式具有以下特点。

一是职能的专一性。学校教育的职能是培养人，因此具有任务的专一性，其他任务都是围绕着培养人来实现的。同时，学校还有专业的教育者和教学设备，从而保证了其职能的实现。二是组织的严密性。学校教育是制度化的教育，学校教育具有严密的组织结构和制度。三是作用的全面性。学校教育是全面培养人的活动，不仅关注学生智力的发展，也关心学生心理的发展，同时还要确保学生思想品德的形成，总而言之，学校教育致力于培养全面发展的人。四是内容的系统性。学校教育特别注重教学内容的连续性和系统性。由此可见，以学校为本位的职业教育办学模式是最适合系统培养人才的办学模式。

当前，我国经济发展进入新常态，由高速增长转向中高速增长，产业发展也进入转型升级阶段。制造业是国民经济的主体，承担着立国、兴国、强国的重任，制造业的转型升级需要一大批的高素质技术技能人才，这批人才不仅要有扎实的技术基础，还要有良好的职业素养。但是，大国工匠的培养是一个长期的过程，既要有系统理论知识的培养，又要有一线工作经历的磨砺，还需要文化潜移默化的熏陶，这就需要将学校教育、企业培训、社会熏陶等结合起来，但最重要的还是学校教育。职业院校的学生大多是青年，这正是一个人形成品格、树立人生理想的关键时期，这个时期所学的知识和形成的品格将影响人的一生，在学校接受系统的技术技能教育并养成良好的职业精神是他们未来成为大国工匠的基础。

## 第二节　职业教育系统培育工匠精神的目标定位

工匠精神是工匠们在长期的职业实践过程中养成的良好职业素养，新时代赋予了工匠精神新的内涵。新时代的工匠精神包含爱岗敬业的职业精神，这是工匠精神的根本。干一行爱一行，热爱本职工作，在工作中做到勤恳、敬业、一丝不苟、踏实负责。新时代的工匠精神包含精益求精的品质精神，这是工匠精神的核心。追求极致的完美，永不止步，努力把产品做到最好。工匠精神包含协作共进的团队精神，这是工匠精神的要义。在大机器生产时代，一个人的工作是整个工序的一部分，只有团结协作，做好每一步，才能实现整个工作的顺利完成。工匠精神包含追求卓越的创新精神，这是工匠精神的灵魂。不同于传统工匠的继承，现代工匠强调的是传承之上的创新，只有这样才能跟上时代发展的步伐。工匠精神是一种意识形态，只有承载于人之上才能够体现出来，职业教育工匠精神的培育也只有通过学生这一载体才能够进行。因此，职业教育培育工匠精神的目标就是培养工匠型人才。

## 一、高职教育人才培养目标的嬗变

培养什么人、怎样培养人、为谁培养人，是教育的三大基础命题。人才培养目标主要解决“培养什么人”的问题，是教育的出发点，也是决定教育类型属性的关键。高职教育人才培养目标决定了学生培养的基本方向，是职业院校一切教学活动的指南，规定了教学活动结束后学生在知识、技能、素养等多方面要达到的标准，是进行教育评价和评估的依据。在不同的历史发展阶段，高职教育人才培养目标有着不同的表述，每一种表述都代表着特定时期对人才培养的要求。

### （一）“技术型”人才培养目标导向时期（1980—1993）

1980 年，全国第一所职业大学——金陵职业大学成立，标志着我国高职教育的正式起步。为满足地方经济建设对专门人才的需要，短期职业大学兴起，1982 年，教育部在关于《中国短期职业大学和电视大学发展项目报告》中指出，职业大学这种新型学校应根据地方需要，按照灵活的教学计划招收自费走读的学生，使学生将来可以担任技术员的工作。这是首次从国家层面明确职业教育的人才培养目标，“技术员”“地方需要”是其典型特征。1987 年，《国家教育委员会关于改革和发展成人教育的决定》指出，职业教育应为企事业单位培养生产、经营管理方面的专业技术人才。1991 年，《国务院关于大力发展职业技术教育的决定》，提出努力办好一批培养技艺性强的高级操作人员的高等职业学校。这一时期，高职院校刚开始兴办，办学仍处于研究、探索之中，其人才培养目标的定位也相对模糊，强调职业性、地方性，满足经济建设需要是其主要特征。

### （二）“实用型”人才培养目标导向时期（1994—1998）

随着教育结构的调整及《中华人民共和国职业教育法》《中华人民共

和国高等教育法》的相继颁布，高职教育获得法律地位，以一种新的、独立的教育类型登上舞台。1995 年 8 月的全国高等职业教育研讨会明确指出，高职教育培养在生产服务第一线工作的高层次实用型人才。由此可知，培养满足基层及农村地区需要，将成熟的技术和管理应用于生产和服务的实用型人才成为这一时期我国高职教育的人才培养目标。

（三）“应用型”人才培养目标导向时期（1999—2002）

为了应对全球经济危机，缓解国内就业压力，拉动内需，促进经济发展，满足国民接受高等教育的愿望，高校扩张政策应运而生。2000 年，《教育部关于加强高职高专教育人才培养工作的意见》明确指出，高职教育应以培养高等技术应用性专门人才为根本任务。2002 年，《国务院关于大力推进职业教育改革与发展的决定》提出，职业教育应培养一大批生产、服务第一线的具有高素质的劳动者和实用型人才。虽然该文件并不是专门针对高职教育的，但是对整个职业教育提出了总体目标。这一时期，高职教育的培养目标更具综合性，包括德育要求、职业道德要求、素质结构要求，并对理论知识和实践知识的关系进行了一定的探讨，该文件对高职教育的发展具有良好的指导作用。

（四）“高技能型”人才培养目标导向时期（2003—2011）

2003 年，“高技能型”人才培养目标的概念在全国人才工作会议上第一次被正式提及。随后，教育部颁发的《2003—2007 年教育振兴行动计划》指出，要培养高素质的技能型人才，特别是高技能型人才。2004 年，《教育部关于以就业为导向深化高等职业教育改革的若干意见》提出，高等职业院校要坚持培养面向生产、建设、管理、服务第一线需要的高技能型人才。2011 年，《教育部关于推进高等职业教育改革创新引领职业教育科学发展的若干意见》指出，高职教育以培养“高端技能型人才”为目标。经济全球化、科技进步、我国经济结构调整的大背景是提出“高技能型”人才培养目标的促进因素。

（五）“技术技能型”人才培养目标导向时期（2012—2015）

2012 年，《国家教育事业发展第十二个五年规划》对高职教育人才培养目标进行了重新定义，即高职教育要大力培养产业转型升级和企业技术创新需要的技术技能型人才。2014 年，《国务院关于加快发展现代职业教育的决定》明确指出，加快现代职业教育体系建设，培养数以亿计的高素质劳动者和技术技能型人才。《现代职业教育体系建设规划（2014—2020年）》明确指出，职业教育重点培养掌握新技术、具备高技能的高素质技术技能型人才。高职教育人才培养目标将“技术”与“技能”相结合是其最大的亮点。

### （六）“工匠型”人才培养目标导向时期（2016 年至今）

2016 年，李克强总理在作政府工作报告时指出，鼓励企业开展个性化定制、柔性化生产，培育精益求精的工匠精神，增品种、提品质、创品牌。这是“工匠精神”首次出现在《政府工作报告》中。2017 年，《国务院关于印发国家教育事业发展“十三五”规划的通知》指出，强化大国工匠后备人才培养，着力提升职业学校人才培养质量，加强职业精神培育，推进产业文化、优秀企业文化、职业文化进校园、进课堂，促进职业技能和职业精神高度融合，着力培养崇尚劳动、敬业守信、精益求精、敢于创新的工匠精神的技术性人才。2019 年，国务院印发的《国家职业教育改革实施方案》更是提出要把发展高等职业教育作为优化高等教育结构和培养大国工匠、能工巧匠的重要方式，使城乡新增劳动力更多地接受高等教育。可见，“工匠型”人才培养目标将成为我国高职教育今后一段时间主要的人才培养目标。

## 二、高职教育人才培养目标嬗变的动因

经过不断的发展和变化，高职教育人才培养目标的表述更加清晰、方向更加明确。分析高职教育人才培养目标嬗变的动因，不难发现，这是由经济、社会、科技及教育等诸多因素共同作用的结果。

### （一）经济发展的影响

改革开放初期，我国的经济体制以计划经济为主，企业是行政部门的附属物，不能自主经营，也不自负盈亏，其主要关注的是生产计划的完成情况。国家对企业管得很严，企业缺乏自主能力，价值规律的作用低下，工人的积极性不高，因而生产技术的革新与改进大多不被企业所重视，更谈不上对技术工人的培养。随着社会主义市场经济体制的实行，我国的经济发展方式得以转变，市场竞争促使企业不断创新，提供更加优质的商品

和服务，很多企业开始通过创新和增加技术含量来实现产品的增值。社会主义市场经济的确立、经济规模的扩大、经济结构的调整对直接从事企业生产、服务的技术技能型人才产生了更大的需求。近年来，我国经济发展进入新常态，经济增长速度从高速增长转为中高速增长，经济结构不断优化升级，发展从要素驱动、投资驱动转向服务业发展及创新驱动，增长动力要实现转换、经济结构要实现再平衡，迫切需要一大批技术技能型人才和工匠型人才。可以说，经济发展是高职教育人才培养目标变化的直接动因。

（二）社会因素的影响

人才结构的变化促使高职教育人才培养目标发生变化。我国经济发展初期，受到重视的是各行各业起主导作用的人才，随着经济的发展，许多行业管理人才接近饱和，大学毕业生不再实行分配政策，技术工人严重短缺，尤其是高级技工在技术工人中占比较小，人才供给和需求不匹配，呈现出人才的结构性矛盾。人才的结构性矛盾促使国家调整高职教育人才培养目标，由培养“工程师类人才”向培养“高级技术应用型人才”转变，2003 年后又转为培养“高技能型人才”。此外，就业带来的压力也促使高职教育人才培养目标发生转变。按旧有培养目标培养的高职人才已经不能完全适应就业要求，导致就业压力骤增，将就业压力转化为人力资源资本只能通过教育来实现。同时，政治、文化、家庭等发生的变化及西方价值观念、生活方式的冲击等也对高职教育人才培养目标产生了影响。可以说，社会因素是高职教育人才培养目标变化的深层动因。

（三）科技发展的影响

改革开放初期，我国工业发展水平较低，这一时期的经济结构以劳动密集型为主，科技含量不高，对工人的技术、技能要求也不高。随着第二次工业革命的推进及我国市场经济的发展，以现代企业制度为核心的经营体制逐渐得以确立，企业装备水平明显提高，对工人技术能力的要求也不断提高。伴随着信息化的发展，一大批企业以信息技术为核心，不断更新设备，研发新产品，各工作岗位对技术的要求也随之提高，传统的单一技能型工人难以适应原有的岗位，迫切需要提升个人技能。伴随着人工智能、虚拟现实、生命科学等方面的发展，人类已经进入了知识经济的时代，知识经济促使生产方式更加柔性化、分散化、智能化，新的生产和服务岗位对人才提出了全新的要求，即要具有扎实的理论知识，经过系统的技能训练，具有勇于创新的精神和精益求精的工作态度。与此同时，国际贸易的发展和跨国公司的涌入，在带来先进生产技术和管理方式的同时，也要求高职教育为其培养大量具有国际视野和过硬技能的人才。由此可见，科技的发展使知识、技术、设备的更新速度加快，学习能力、实践能力、创造能力、就业和创业能力及沟通和协作能力等成为高职教育人才培养目标的重要内容。

（四）教育自身发展规律的影响

高职教育的发展有其自身的规律，其不受人的意志的控制，是独立的、自成体系的。不同时期的教育研究者在高职教育的性质、定位、与经济和社会发展之间的关系、人才培养的目标等基本问题上的持续研究，促进了高职教育规律的发展与完善，如关于高职教育定位的研究，将高职教育定位为一种教育类型，从而使高职教育从普通本科教育中独立出来。

## 三、高职教育工匠型人才培养目标的解构与重构

教育学中的人才培养目标是指学校通过认知自身发展结合外在环境的变化，明确内在与外在需求，在理性分析的基础上结合教育使命与愿景，设计出关于学生成长的蓝图。由此可知，人才培养目标是学校文化的一种体现，具有导向功能，决定了学校人才培养的方向；具有标识功能，体现了人才培养的层次；具有激励功能，影响人才培养的质量。

（一）工匠型人才培养目标的维度

一般而言，人才培养目标包括知识、能力、素养三大基本要素。从逻辑上看，三者是基础、核心、关键的关系。知识涵盖了基础理论知识和专业技能知识，是人才培养目标的基础，对能力和素养起直接作用。知识外化的结果体现为人的能力，知识内化的结果体现为人的素养。能力是人才培养目标的核心，是在掌握知识的基础上所表现出来的一种对外在事物的改造能力，具有专业性和发展性。能力主要包括操作能力、迁移能力、创新能力和适应能力等。素养的内涵比较宽泛，包括身体与心理素质、思想道德与文化素质及专业素质等。三者以知识为基础，能力和素养在知识的

基础上既独立发展又交叉融合。高职院校工匠型人才培养目标既遵循人才培养目标的一般规律，又有其自身的特点，具体如下。

一是知识目标的高端与复合性。在整个职业教育系统中，高等职业教育处于较高的层次，相对于中等职业教育而言，高等职业教育具有高等性，具体表现为知识和技能的高等性。工匠型人才培养目标经历了“技术型”“实用型”“应用型”“高技能型”“技术技能型”的发展变化，其对人才专业知识与技术技能的要求不断提高。当下正处于知识爆炸的时代，各学科之间不断交叉融合，这就需要从业人员不断学习知识，成为知识复合型人才。工匠是指在某一领域具有高超技艺的人，要实现在专业领域的精通，更加需要其他相关领域知识的支撑。

二是能力目标的专研与创造性。职业性是高等职业教育的本质属性之一，这是由高等职业教育的类型决定的。高等职业教育应培养具有较强动手能力和解决实际问题能力的人才。工匠型人才不仅要有较强的实践能力，更要成为基层技术技能领域的行家里手。同时，工匠型人才还需要对工作具有认同感和自豪感，进而达到专研的高地。由此可以看出，工匠型人才的能力目标不仅要技能高超，还要对工作有着透彻的理解，具备追求极致的专研精神。产业结构的升级和技术的改进对从业人员提出的要求越来越高，工匠型人才应具有较强的工作迁移能力和创新能力，能发现现有的和潜在的技术问题，并运用既有知识创造性地解决问题。

三是素养目标的系统与行业性。教育性是职业教育的本质属性之一，职业教育必须关注人的发展。工匠型人才的素养目标有宏观层面的家国情怀、社会责任感的培养，也有个人层面的道德品质、坚定意志、进取精神等的培养，更涉及具体行业的职业操守、职业精神等职业素养的培养。因此，工匠型人才的素质目标既是系统的，又是具有行业性的。

### （二）工匠型人才培养目标的定位

通过对工匠型人才培养目标维度及特点的剖析，本书认为高职教育工匠型人才培养目标应定位于培养“宽厚与专精结合”“人文与技术并重”“传承与创新融合”的服务生产一线的高级应用型人才，具体如下。

一是宽厚与专精结合。高职教育培养的工匠型人才应具有知识的宽厚性。从纵向来说，宽厚性指的是基础理论知识的厚度，基础理论知识既是能力生成和能力得到发展的基石，也是构建个体能力体系的基础。从横向来说，宽厚性指的是专业知识的宽度，表现为专业知识的宽口径，工匠型人才应尽可能地扩大知识面，在掌握本专业知识的基础上，掌握与本专业相关的其他专业的知识，力争在更全面的知识背景下深化对专业的理解，增强职业迁移能力。在智能制造时代，单一技能者在特定岗位上从事简单的重复性工作的工作方式将逐渐被工具和技术替代，工作内容复杂度的提升、职业岗位工作范围的拓宽和专业工种之间业务的交叉要求从业人员要一专多能。此外，高职教育培养的工匠型人才还应具有知识的专精性，要能够不断钻研所从事的行业、岗位的相关知识，在宽厚性的基础上做到专业精细。这一方面是由高职教育的属性决定的，另一方面也是人才能够成长为工匠的关键，只有将有限的时间和精力投入特定的领域，才可能成长为工匠型人才。

二是人文与技能并重。工业革命对技术工人的需求催生了现代意义上的职业教育，使职业教育从传统手工作坊的学徒培养转向了规模化和制度化的学校教育，因而职业教育一开始是以培养技术型人才为目标的。加之受科学技术万能论和注重工具功能的“技术理性主义”的影响，职业教育过分地注重人才的技能训练，在一定程度上忽略了人文素养的培养。强调职业教育对社会和经济发展的贡献是必需的，但职业教育的人文价值同样不可或缺，不能因为职业教育的社会功能而损害人的价值。因此，高职教育培养工匠型人才应做到人文与技能并重，在培养技能的同时，也要注重人文素养的培养。具体来说，工匠型人才的人文素养培养包括坚定的政治立场、强烈的社会责任感、爱国情怀和民族精神等家国情怀的培养；正确的人生观和价值观、坚强的意志、不断进取的精神等道德品格的培养；传统文化、行业文化、企业文化、地域文化等文化传承的培养；敬业守信、求真务实、精益求精等职业精神的培养；全球视野、创新精神、终身学习等发展能力的培养。

三是传承与创新融合。我国有着悠久的手工业传统，手工业造就了一大批的能工巧匠、享誉世界的精湛技艺及独有的工匠文化。但随着产业革命和工业革命的兴起，现代工业制度及制造业文化迅速传入中国，加之传统手工业的式微，中国本土工匠文化与技艺没有与现代制造业实现高度融合，工匠文化及技艺的传承出现了断代。然而，传承的断代并没有让“工匠”的定义出现偏差，精益求精、尽善尽美等工匠的本质特征依旧被保存着。高职教育培养的工匠型人才应该是传承与创新相结合的人才，应将中华本土工匠模式与西方近现代工匠模式相结合。传承并创新技艺，在传统工艺的基础上不断创造新工艺，通过创新让传统工艺焕发新的活力；传承并创新精神，将“经世致用”“守拙求真”“德艺双修”等传统工匠精神与西方“标准化动作”“一生只做一件事”等现代工匠精神融合创新；传承并创新文化，将传统手工业的家族文化、师徒文化与现代优秀的企业文化、行业文化融合创新，培养出传统与现代融合、本土与国外融合的工匠型人才。

## 第三节　职业教育系统培育工匠精神的内容

### 一、职业技能培养

细观“工匠精神”，可将其拆分为“工匠”和“精神”两部分，从字面上可理解为工匠的精神，因而很容易让人们产生工匠精神仅是一种道德观的想法。作为凝结在工匠身上的在生产过程中所展现的精神品质，工匠精神至少包含三个要素：主体要素——工匠，指拥有高超技艺的人，也指实际工作中的人；生成要素——工作过程，工匠精神的生成需要长期的一线工作经验积累与升华；表征要素——精神品质，如精益求精、敬业奉献、一丝不苟、敢于创新等精神品质。由此可知，工匠精神以主体要素“人”为载体，是人在长期的工作历练中获得的一种品质。将工匠精神脱离载体，简单地道德化、精神化，容易陷入虚幻的浪漫主义误区。此外，工匠精神的获得需要不断地练习与实践，工匠在重复运用技术的过程中，不断地对技术与技能进行创新与改进，从而实现生产的个性化和柔性化，从这个意义上来说，工匠精神也是一种卓越的、富有创造性的技术与技能。职业教育系统培育工匠精神，要注重对学生职业技能的培养，具体包括三个方面：一是注重职业基础技能的培养，为工匠精神的产生打下坚实的基础；二是强化职业核心技能的培养，为工匠精神的发展提供养分；三是加强职业拓展技能的培养，为工匠精神的发展提供多种可能。

## 二、家国情怀培养

爱国是一个人对国家最崇高的情感，也是发自内心最朴素的情感。我国的知识分子历来就有浓厚的家国情怀，“先天下之忧而忧，后天下之乐而乐”“天下兴亡、匹夫有责”“人生自古谁无死，留取丹心照汗青”“苟利国家生死以，岂因祸福避趋之”等名言广为流传，无数优秀的知识分子始终心怀天下，自觉地将自身的发展与前途同国家和民族的命运紧密联系在一起，并付诸行动，留下了许多可歌可泣的事迹，激励了一代又一代的中华儿女。优秀的工匠必然也是爱国的公民，新时代的工匠精神首先应包含强烈的爱国情怀，要有一颗为国家制造业发展奉献自己的心，要将推动“中国制造”向“中国创造”转变、促进“中国质量”向“中国品质”转变作为奋斗的目标。职业教育系统培育工匠精神要注重学生家国情怀的培养，帮助学生树立远大的理想，使其具备勇于担当和砥砺奋斗等品质，让爱国主义成为学生的坚定信念和精神支柱。

## 三、公民道德培养

国务院印发的《关于加快发展现代职业教育的决定》指出，职业教育应坚持以立德树人为根本，以服务发展为宗旨，以促进就业为导向。立德树人是以人为本理念在教育领域的充分体现。把立德树人作为我国教育的根本任务，既体现了我国德育为先的教育传统，也是对我国历来教育方针的贯彻和强化，还是对当下育人过程中德育淡化的一种纠正。职业教育坚持以立德树人为根本，是为社会和经济发展提供坚实人才保障的要求。只有端正学生的政治立场，帮助他们树立正确的世界观、人生观和价值观，才能使他们能够从容地面对产业升级和职业岗位变化所带来的挑战。因此，职业教育要将立德树人贯穿于教育教学的全过程，要发掘所有课程中的德育内涵，将德育教育与课堂教学、实习实践等融合到一起；要加强学生中华传统美德、家庭美德、个人品德的教育，重视学生公民基本道德规范教育；要注重培养学生团结协作、爱岗敬业、诚信奉献的职业道德和诚实劳动、严谨细致、精益求精的工作作风；要注重学生的劳动教育，培养学生以劳动为荣、以实践为荣、以创造为荣的理念，帮助学生养成良好的劳动习惯。

## 四、文化传统培养

我国的手工业历史悠久且很发达，在中华文明的历史长河中，出现了大批巧夺天工的能工巧匠，如鲁班、庖丁、黄道婆、欧冶子等，他们为人类文明的发展留下了丰富的物质遗产。传统手工业是我国文化遗产的重要组成部分，浓缩了民族文化，体现了人文精神，而蕴含于传统手工业中的工匠精神本身也是一种文化，这种文化需要传承，更需要创新。行业文化是社会文化的组成部分，一个具有凝聚力的行业文化，不仅是行业可持续发展的基本驱动力，也是行业管理的核心和灵魂。职业教育具有强烈的行业色彩，在工匠精神的培育过程中融入行业文化是必然的要求。此外，有别于传统作坊式的手工业，现代制造业依托于企业，工匠的一重身份是企业的员工，因此，企业文化对工匠精神的影响很重要，特别是有着悠久历史的企业，其企业文化更是对工匠精神的影响十分深远。因此，职业教育可利用校企合作、现代学徒制等方式注重对学生进行企业文化的培养。与此同时，受地域文化的影响，不同地区有着自己独特的地域文化，如巴渝文化中的“敢想敢干”“不屈不挠”“开放包容”等，这些地域文化直接或间接地影响着本区域的技术技能型人才，故职业教育系统培育工匠精神也应关注地域文化传统。

## 五、职业精神培养

职业精神的内涵可分为三个层面。一是思想层面，职业精神不仅是技术技能型人才需要具备的精神，也是各行各业从业人员应该具有的思想觉悟。职业精神在思想上表现为对待工作认真负责和无私奉献，这种精神应该体现在每个人的工作中。二是行为层面，职业精神鼓励在原有技艺的基础上对技艺求精与革新，通过不断传承与创新实现新的突破。职业精神在行为上表现为勇于创新、持续专注、注重品质。三是目标层面，职业精神强调追求卓越、追求完美，将打造精品奉为金科玉律，工作已不仅仅是谋生的手段，更是一种永不停止追求完美的信仰。因此，职业教育培育工匠精神要特别注重职业精神的培养。

## 六、发展能力培养

我国坚定不移地实行对外开放的基本国策，迫切需要一大批具有国际视野、通晓国际规则、具有国际竞争力的技术技能型人才。因此，高职教育工匠型人才的培养应该包括对学生国际视野的培养，这既是工匠型人才发展能力的重要组成部分，也是工匠精神培育的时代要求。高职院校要引入优质的国际教育资源，与境外高水平院校合作办学，实现办学资源的国际化；要在课程教学中加入国际通用标准，在教学管理模式、人才培养模式等方面与国际接轨。工匠精神的培育需要工匠思维的支撑，而创新思维是工匠思维的核心组成部分，没有创新思维，工匠将缺乏活力与生命力。创新思维使工匠通过自主劳动、品质劳动在工作中获得快乐与满足，不再单纯地进行模仿或重复性劳动，而是通过不断改进技术和创新解决问题的方法来获得质的突破。《国务院关于印发国家职业教育改革实施方案的通知》指出，落实职业院校实施学历教育与培训并举的法定职责。培训是技术技能型人才离开学校教育后继续掌握新知识、新技能、新工艺等的主要途径，是成为工匠的一种途径。由此可见，持续不断地学习是工匠成长的关键。因此，职业教育培育工匠精神要注重学生发展能力的培养，特别是对学生进行终身学习理念的教育，培养学生学习的持续性。

## 第四节　职业教育系统培育工匠精神的方法

### 一、校企合作，创新人才培养模式

近年来，国家高度重视职业教育发展，重视行业、企业在职业教育办学中的重要地位。《国务院办公厅关于深化产教融合的若干意见》明确提出，推进产教协同育人，坚持职业教育校企合作、工学结合的办学制度。这是经济转型升级、产业结构调整的时代要求，也是职业教育办学规律的要求。工匠精神的培育需要工匠型人才的承载，职业院校是工匠型人才培养的最大基地，因而创新人才培养模式是职业院校培育工匠精神的必然之举。职业院校要坚持工学结合这一主线，加强与企业、行业、园区的联系，探索行业、企业联合办学模式，组建混合所有制职业院校，组建政、行、企、校多方参与的职业教育联盟。职业院校应在标准制定、人才培养目标确定、教学实施、师资培训、联合科研、人才培养质量评价等方面引入行业、企业力量，特别是积极探索和推行现代学徒制和企业新型学徒制人才培养模式；探索学分银行、弹性学制等，推动育人模式改革，实现招生与招工一体化；制定系列制度，明确受教育者学生、学徒双重身份的权利与义务；加强创新创业人才培养，提升学生创新思维与水平，为学生提供多样化的成长路径；紧密围绕产业需求，强化实践教学，增强复合型人才培养能力。

## 二、立德树人，发挥思政教育的重要作用

立德树人是职业教育应坚持的根本导向。思政教育是高职院校意识形态传播的主阵地，职业教育系统培育工匠精神应将工匠精神作为思政教育的重要内容，将社会主义核心价值观与工匠精神有机结合，引导学生将职业理想与敬业奉献的职业精神相结合。首先，利用入学教育、主题活动等，加强学生职业价值观教育，为学生树立正确的职业理想和职业目标打下坚实的基础。利用思政教育课和创新创业教育课，将工匠精神的特质、内涵、价值和意义传授给学生，做好学生的职业认知、职业规划等教育。其次，将工匠精神融入社会主义核心价值观教育。工匠精神中的永不止步、追求卓越、服务社会等品质与社会主义核心价值观具有高度的一致性。职业院校应以社会主义核心价值观为引领，积极宣传工匠的典型事迹，鼓励学生学习工匠诚信立身、友善待人等品质。再次，职业院校应引导学生关注技术进步，认识到技术技能型人才所具有的当代价值和意义，培养学生对专业的认可度和对技术的热爱。最后，要注重细节教育，培养学生从“小”着手的习惯与素养，一颗螺钉、一个焊点、一个零件等都有利于学生领悟工匠精神的真谛。

## 三、教育教学，将工匠精神培育融入课程教学

职业教育系统培育工匠精神应将工匠精神培育贯穿于教育教学全过程。在课程设置方面应更加灵活，不仅要注重通识教育课程的开设，还要加强创新创业类、人文教育类课程的开设。要创新教学形式，采取灵活多变的授课方式，如慕课、片段教学、讲座、经验宣讲和典型宣传等，激发学生的创新意识，提升学生的人文素质与素养，为工匠精神的培育夯实基础、营造氛围。具体来说，一是注重专业教育。专业教育是将工匠精神培

育融入课程教学的主要阵地，教师应遵循不同专业课程的特点，将工匠精神培育渗透到教育教学的过程中，既教授学生专业技能，又培养学生追求精湛技艺的精神。在专业技能的培养过程中，让学生理解并感受工匠精神的内涵，使学生认识工匠精神的当代价值和意义。二是对接生产现场，强化实操实训。将专业教育与社会实践相融合，既有利于提升学生的专业技能，也有利于培养和塑造学生的职业精神。职业院校在加强专业教育的同时，应鼓励学生参加实践，学生体知躬行的过程即体验工匠精神的过程，最后将体验的工匠精神内化为个体的思维方式和价值观念。职业院校要确保安排足够的实操实训课时，将有共同职业知识及要求的实操实训课程进行整合；要对接生产现场，构建仿真工作环境，使学生在真实的生产情境中体会将专业理论知识转化为生产力的成就感，更深层次地领会专业魅力。三是在学生顶岗实习期间，实行职业院校与实习单位联合培养、考察、评价的模式。在顶岗实习过程中，督促学生学习企业精神、体会企业文化，培养尽职尽责、高效务实等职业品质。

## 四、共培共育，提升教师队伍的质量与素养

职业教育系统培育工匠精神要注重教师队伍质量和素养的提升。一是要注重师德师风的建设。各级教育主管部门应将师德师风考察纳入教师职业发展考核体系，由职业院校、第三方独立机构、教师和学生等参与评价考核，对师德失范、弄虚作假、学术不端等行为实行“一票否决”。二是校企共培共育，打造“双师型”教师队伍。“双师型”教师是职业院校获得长足发展的动力，在工匠型人才培养方面发挥着十分重要的作用。扎实的理论功底和丰富的生产实践经验是“双师型”教师的必备素养，这就要求职业院校要建设高素质的“双师型”教师队伍。职业院校应建立健全“双师型”教师的入职标准和职称评聘体系，打通“双师型”教师的成长通道；加强校内专职“双师型”教师的培养，与企业紧密合作，引入技术骨干和能工巧匠，建立稳定的兼职“双师型”资源库；职业院校还应注重教师的职业发展与职业培训，鼓励教师深造，支持教师进入企业顶岗实践与挂职交流；帮助教师了解和掌握行业内的新理论、新技术与新工艺，保持知识能力结构的适应性与前沿性。三是在人才培养方面实行双导师制。由来自学校的导师负责学生专业知识、专

业理论等的教学和日常事务的管理，由来自企业的导师负责学生实操技能的培养和实习实训的管理等。

### 五、潜移默化，营造富有工匠精神的校园文化

校园文化是隐性的教育资源，其对学生的影响是潜移默化的，也是意义深远的。职业教育系统培育工匠精神可以通过构建富有工匠精神的校园文化来实现，让学生在耳濡目染中积淀工匠底蕴。一是在校园制度文化建设中融入工匠精神。在人才培养和考核过程中，建立多元化的考核体系。职业院校应将企业的管理模式和规章制度引入校园，将与行业相关的操作指南和标准规范融入教学标准和管理标准，构建与行业、企业紧密相关的管理模式。同时，应加强对职业素养的考核，建立职业操守奖惩制度，通过制度让严格自律、履行公约等工匠精神内化为学生的行为。二是在校园行为文化建设中融入工匠精神。职业院校可以聘请优秀的企业家、金牌工匠、行业大师到学校进行宣讲，对其典型事迹进行宣传报道，让学生感受其优秀的职业品格，深入领会工匠精神的价值和意义。三是在校园精神文化建设中融入工匠精神。职业院校要大力弘扬传统文化，将传统文化中的工匠精神与行业文化、地域文化、校园文化建设相结合，打造独一无二、个性鲜明的校园文化。四是在校园物质文化建设中融入工匠精神。通过在校园内建立有形器物，如雕塑、壁画等，或通过悬挂宣传标语、设置文化栏等，让工匠精神以立体化的方式呈现，使学生直接感受工匠精神的魅力，自觉地追求工匠精神。

## 第五节　职业教育工匠精神培育评价体系构建方法

### 一、注重工匠精神培育的过程评价

评价的主要目的不仅在于评判，更在于发挥激励与导向作用。职业教育对学生进行工匠精神培育的目的，不仅要让学生明白工匠精神的内涵、意义，更要让学生在学习、生活和工作中时刻以工匠的标准要求自己，将职业行为规范落到实处、落到细处，努力践行工匠精神。因此，职业教育

工匠精神的培育既要注重终结性评价，也要注重过程性评价。终结性评价侧重的是最终的结果，是对职业教育工匠精神培育效果的总体判断，从学生的培养质量、用人单位的反馈意见等方面体现。工匠精神培育的过程性评价主要包括以下三个方面：一是阶段评价。职业教育工匠精神培育贯穿于教育教学始终，落实到教育教学的方方面面。学生在校期间，根据人才培养目标、专业培养方案及企业岗位需求的不同，教育目标既具有一致的连续性，又具有相对的阶段性，因而职业院校、企业、第三方评价机构等可以根据不同阶段的教育目标组织理论、实践教学效果评价。二是课程教学过程评价。在确定学生培养的阶段后，依据人才培养方案和目标，将工匠精神培育目标进行细化和分解，以主题教育为统领、以情境任务为导向，将其融入课程教学过程中，并随课程教学进行评价与考核。三是全方位教育过程评价。除了教学与学习，职业教育培育工匠精神受管理、生活、文化氛围等多重因素的影响，因而职业教育工匠精神培育的评价也涉及学生的日常行为、社会实践等多个方面。

## 二、评价标准融入社会和行业需求

科学合理的评价标准体系对评价结果的有效性有着直接影响。工匠精神的培育与社会、行业、企业关系密切，职业教育工匠精神培育的评价自然也要将社会、行业、企业的需求考虑在内。因此，建立工匠精神培育评价标准体系需要基于广泛、深入的社会及用人单位的调研结果。工匠精神培育评价标准体系的构建必须基于职业岗位标准，评价指标要能反映学生的职业素养与工作岗位需求的匹配程度。与此同时，工匠精神培育评价标准体系的构建应具有前瞻性，在反映行业、企业的需求标准的同时，紧跟行业、企业发展方向，尽可能适度超前，引领行业和企业的发展，在促进产业发展的同时，也使学生能够实现职业生涯的可持续发展。

## 三、紧扣职业教育工匠精神培育评价特性

职业教育工匠精神培育评价具有以下特性：一是多元性。职业院校人才培养质量受多方影响，工匠精神培育评价的主体应具有多元性，即应包括学校评价、行业和企业评价、第三方评价、学生自我评价等，应设置统

一的量化标准，合理分配评价权重，保障职业教育工匠精神培育评价的客观性、真实性和有效性。二是全面性。职业教育工匠精神的培育是一个持续、长期、渐进的过程，在时间上具有长久性。同时，职业教育工匠精神的培育又涵盖环境、个体差异、教育等多重因素，是环境影响、学习教育与个体内化等多方发展的结果。因此，对职业教育工匠精神培育的评价应包括学生的日常管理、理论学习、实践训练、道德表现等多个方面。三是可操作性。评价指标体系是实施评价的参照与标准，应具有可操作性。应严格筛选核心评价指标，抓住问题的核心要素，并针对不同指标，灵活运用多重评价方法，做到客观公正，减少评价的主观性，保证评价的客观、真实和准确。

## 第六节　职业教育工匠精神培育评价指标体系

确定评价指标体系，是建立职业教育工匠精神培育效果评价模型的基础。评价指标体系应结合用人单位、高职院校及毕业生三方需求，从实际操作角度出发构建。评价指标体系应包括职业意识、职业知识、职业能力3个一级指标。职业意识包括政治素养、品德素养、职业理想3个二级指标；职业知识包括通用知识和专业知识2个二级指标；职业能力包括专业技能、创新能力、行为能力、社交能力、发展能力5个二级指标。职业教育工匠精神培育评价指标体系见表6－1所列。

表6－1　职业教育工匠精神培育评价指标体系

| 一级指标 | 权重 | 二级指标 | 权重 | 观察标准 |
|---|---|---|---|---|
| 职业意识 | 40 | 政治素养 | 16 | 爱国爱党，愿意为社会主义现代化建设贡献力量 |
| | | 品德素养 | 12 | 具有正确的世界观、价值观、人生观，具备诚实守信、公平正直、吃苦耐劳、文明礼貌、勤俭自强等品质 |
| | | 职业理想 | 12 | 了解行业文化，树立职业理想，明确职业目标，初步形成职业道德意识 |

（续表）

| 一级指标 | 权重 | 二级指标 | 权重 | 观察标准 |
|---|---|---|---|---|
| 职业知识 | 30 | 通用知识 | 12 | 文化基础好，知识面广，通识课的知识学得扎实 |
| | | 专业知识 | 18 | 专业基础知识和技能常识掌握到位；专业知识面广；专业核心课的知识学得扎实 |
| 职业能力 | 30 | 专业技能 | 8 | 具备运用理论知识指导实际操作的能力，动手能力强；能够取得职业资格，并与岗位要求实现无缝对接 |
| | | 创新能力 | 8 | 具有创新意识和创新志向，有初步的技术改革、管理改革能力和可持续发展潜力 |
| | | 行为能力 | 5 | 具有良好的团队精神和合作意识，能与人和谐相处，团结协作；有很强的事业心和主人翁责任感，追求崇高的职业理想，对学习和工作态度认真、恪尽职守、精益求精，具有奉献精神；能够自觉遵守规范和履行义务，勇于承担责任 |
| | | 社交能力 | 5 | 为人坦诚，善于与人交往；掌握一定的化解矛盾、增进合作的知识和技巧；能积极参与和组织开展各种社团活动、文体活动，具有组织管理与协调能力 |
| | | 发展能力 | 4 | 有进取心，能正确对待批评，遇到困难有信心克服，抗挫折能力强；对学习和工作充满热情，办事务实，有毅力 |

我国的职业教育是学校本位职教模式的典型代表，其特点是以职业院校为主体，行业、企业积极参与，坚持产教融合、校企合作这一育人主线。构建职业教育培育工匠精神的学校模式应以工匠精神内涵的充分解析为基础，结合职业教育育人目标要求，重构职业院校人才培养目标，提出

工匠型人才培养目标的具体要求。在工匠型人才培养目标的指导下，结合行业、企业、文化发展等要素判定职业院校工匠精神的培育内容，选择行之有效的培育方法。在培育完成后，对培育效果进行评估，查找问题，不断改进。我国职业教育培育工匠精神的学校模式如图6-1所示。

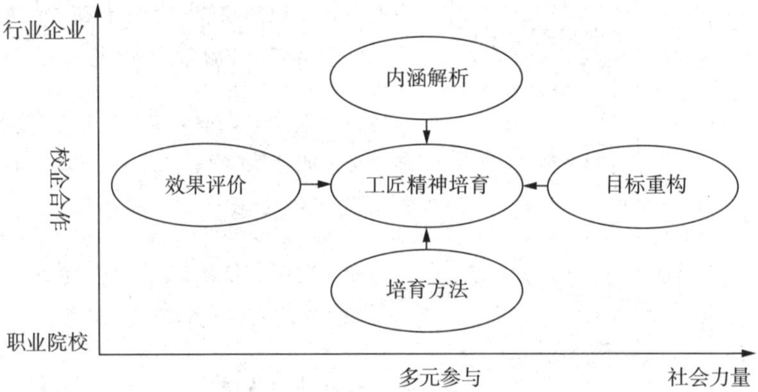


图6-1　我国职业教育培育工匠精神的学校模式

# 第七章　职业教育系统培育工匠精神的基本路径

工匠精神是制造业转型升级之匙，是企业生存发展的重要保障，是个体立足职场的必备素养，也是我国传统非物质文化遗产得以保存并发扬的根本。无论是基于家族传承制的家庭职业教育，还是基于企业师徒制的企业职业教育，抑或是基于现代学徒制的学校职业教育，都需要在人才培养的过程中，逐步将工匠精神的价值观念贯穿于个体的日常学习、工作和生活中，探索出兼具特色与实效的工匠精神培育路径。

## 第一节　基于家族传承制的家庭职业教育培育

在传统技艺的传承与发展过程中，以血缘为纽带的家族传承制是使传统技艺不至于消失殆尽并得到持久发展的重要手段。在中华民族几千年的历史长河中，家族传承制是最为古老悠久的传承方式，它以代代相传的形式将技艺与文化不断延续和传承，为工匠精神的发扬光大作出了不可估量的贡献。

### 一、家族传承制的发展背景

家族传承制自古就有，其历史渊源深远，最早可追溯到原始氏族公社时期。在母系社会，食物熟制、衣物制作等技艺遵循着“母传女”“舅传甥”的原则，以言传身教的形式传承。母系氏族公社解体后，父权家长制拉开帷幕，工具制作、洞穴建造等技艺以“父传子”“子传孙”的方式在部落内部传承。无论是在母系氏族社会还是在父系氏族社会，以血缘关系为纽带的传承方式不断发展壮大并越发凸显其重要作用，这也构成了家族传承制的雏形。随着农耕和畜牧业的进一步发展，多余粮食和牲畜的出现催生了私有制，社会的基本组织单位由“部落”转变为“家族”，家族传承制的社会基础得以奠定。“部落”是由若干血缘相近的宗族、氏族结合而成的集体；“家族”是具有相同血缘关系的人在一起生活所组成的社会群体。因此，家族传承相比于部落传承具有更加显著的“排外性”，这种“排外性”在夏朝建立之后达到一个顶峰。随着“公天下”变为“家天下”，社会的家族制度从此延续几千年。从外部环境来看，这种根深蒂固的家族制度让技艺拥有者为了维护家族的地位、声望和利益，往往只将技艺传给直系后代。同时，农耕社会自给自足的经济生活状态，也不需要人们进行过多的对外交流与市场交换，技艺的传承自然而然地停留在家族内部这个圈子里。从内在心态来看，一门技艺的获得往往来之不易，须历经难以估测的时间与精力的沉淀，而一旦掌握了技艺便相当于拥有了谋生的资本。由于技艺的得来不易和巨大的价值空间，所以家族在传承对象的选择上更加保守和狭隘。长久以来，家族传承制正是在这样的社会背景下形成和发展的。可以说，这种绝对的排他性既造就了家族传承制，也在某种程度上限制了家族传承制的发展。时至今日，家族传承制在传承范围上有了一定的扩展，从起初的只传直系亲属，有的甚至传男不传女，到后来扩展到血缘亲属，但其最本质的特征并未改变，仍是一种以血缘为纽带的内部传承。

## 二、工匠精神家族传承的主要方式

工匠精神涵盖“技”“术”“心”三个层面的价值理念，包含工艺精神和人文精神的双重追求。因此，工匠精神的传承不仅是一种技艺的传承，更是一种文化的传承，主要通过兴趣启蒙、言传身教、生活实践等方式得以实现。

### （一）兴趣启蒙

兴趣与热爱是催生工匠精神的源动力。在兴趣启蒙方面，家族传承制具有直接、全面、贴近生活等先天优势。家庭是人出生后最早接触的环境，也是童年生活的主要场所，与父母长辈的相处占据了人一生中的大部分时间，家庭环境对于个体成长的影响是不言而喻的，工匠精神的种子也在此种下并生根发芽。具体来说，在初始兴趣的激发与培养方面，父母长辈的工作间或陈列间是继承人孩童时期玩耍的场所之一，他们无数次有意无意地观察和接触到家族技艺的施展过程和最终的成品，由此产生了熟悉感和亲切感。尽管在这一阶段继承人并不具备自主选择的能力，也不需要付出意志努力，但不可否认，这是培养继承人对家族技艺兴趣的最初始的方式，其产生的作用和影响虽无法在短期内显现，却长久而深远。随着年龄和经历的增长，在能感知和理解精湛技艺所呈现出来的美感及能够靠其维持生计、获得名利等外部价值时，过去的熟悉感、亲切感便上升为一种崇拜感，进而产生一种跃跃欲试的心态，此时继承人对于技艺的接受也由被动逐渐变为主动，加之偶尔帮大人做事所带来的成就感，使他们对于学习技艺有了更高的积极性。尽管在知识体系和实践操作层面还极为粗浅，但在这一阶段他们已经有了主动学习的欲望和初步形成的文化认同感，其意义与价值远远超越了技艺学习本身。兴趣启蒙便是在这种家庭环境的暗示与感染、有意无意的模仿及简单的实践过程中实现的，继承人也由此完成了从天性好奇、无意识模仿到自主观摩、主动探究的过渡与成长。

### （二）言传身教

工匠精神的传承是一个历时长久的过程，在此期间，传承人的言传身教是继承人习得工匠技艺、领悟工匠文化最为重要的方式。相较于非血缘关系（师徒性质）的言传身教，家族内部的传承在内容上具有更高的完整性，不但包括技艺上的授受，而且包括文化与精神的薪火相传；在形式上具有更高的灵活性，传承人与继承人处于长期交往和深度接触之中，不拘泥于时间、空间和师徒关系的限制；在关系上具有更强的权威性，传承人对于继承人拥有绝对的话语权和管理权。在初级阶段，继承人对技艺的学习以观摩和旁听为主，其间传承人往往是边劳作边传艺，在继承人对整个技艺流程有了一定的印象和基础之后才开始进入动手练习的阶段。在这一阶段，传承人通常是一对一、手把手地传授，且其流程是环环相扣的，即在掌握了前一个环节的要点之后才进入下一个环节的学习。值得一提的是，传承人在这个过程中对于工艺制作的细致严谨及其在教学中所表现出来的耐心都能起到示范引领作用，也都是对工匠精神的诠释。在夯实基本功的同时，传承人还会传授辨别材料好坏和质量优劣的方法，这不仅是一项需要掌握的能力，也是一种对自我的监督和要求。基于一脉相传的血缘关系，从内在意愿到外在时间条件，都确保了技艺的精华和真谛能被毫无保留地予以传授。即便如此，言传身教的最终成效也不由传承人左右，而是在很大程度上取决于继承人领悟力的强弱以及自身能否勤学苦练。终其根本，任何形式的工匠精神培育都无捷径可走。

（三）生活实践

工作是生活不可分割的一部分，尤其是在传统工匠家族中，工作更是与生活相互交融，形成了一种相对特殊的生活模式，生活实践也由此成为工匠精神传承的主要方式之一。一方面，技艺传承贯穿于生活中的耳濡目染，传统技艺的练就离不开经验的积累，相比于基本技艺的传授，这些个人经验的传授不一定在手把手的教学中有明显的体现，而是更多地流露于生活中的不自觉、不经意，继承人需要通过长期的观察和感悟才能领会，也有可能在不知不觉的情况下受到影响；而家族事业的伦常规范和特有的文化传统等，更是通过日常交互的潜移默化和生活实践的重复强化实现代代传承。另一方面，这种独特的生活模式也是传承体系中极为重要的一部分，继承人需要完全适应并将其延续下去。一般来说，传承人从制造到生产再到销售经营，整个过程都会让继承人有所体验并逐步参与其中，这也意味着两者的作息时间和劳作习惯需要保持同步。尤其当所从事的工作具有周期性特点时，如原材料的获取受季节限制、销售经营分旺季和淡季等，他们还需要进行调节以适应外部环境。在日复一日的朝夕相处和磨合中，这些都并非难事，但也都是工匠精神培育必经的阶段。此外，当技艺学习进入较为成熟的阶段后，传承人与继承人还有很长一段实践共事的时间。家族事业的世代传承不是短时间内能完成的，在这一时期，继承人在肩负更多责任的同时，还必须继续学习和提高技艺，传承人在与其共同劳作的过程中，对其进行及时指导并给予建议。技艺的精进是一个永无止境的过程，工匠精神在这样的方式下得以传承与升华。

## 三、基于家族传承制的工匠精神培育困境

家族传承制具有深厚的历史根基和相对于其他传承方式难以比拟的优势，是结构最为牢固、传承最为全面彻底的传承方式；但它也具有一些自身的局限性，在当前面临着外部环境的严峻考验，基于家族传承制的工匠精神培育也因此陷入困境。

### （一）内部因素的制约

由于家族传承制在传承对象的选择上具有“传内不传外”的排他性，故基于家族传承制的工匠精神培育范围也就局限在家族内部，这从一开始就极大地限制了培育对象的数量。工匠精神家族传承的方式以言传身教为主，并未形成标准化的模式，也鲜有详细的文字记录，这使得工匠技艺成为一种个人化的、隐性的知识，传承的过程也处于一种无章可循的状态。若遇到老一辈年迈或离世、家族中没有子嗣或后辈学习的情况，家族技艺将面临失传的危险。培育的时间周期长是家族传承制的特征之一，这是一把双刃剑，在保证传承内容的完整度与深度的同时，也影响了作为继承人的年轻一代的积极性。尤其是在竞争激烈、生活节奏加快的现代社会，即便是一直伴随自己成长的事物，很多年轻人也不愿意将大量的时间、精力花费在对传统技艺的重复练习和反复琢磨上，事实上，这也是当代工匠精神衰微的一个原因。随着社会的进步，很多家庭不再需要为温饱问题而担忧，家族技艺也不再像从前一样具有养家糊口、安身立命的属性，年轻一代既看不到家族技艺的实用价值，也没有老一辈的“信念”或“情怀”，难免会认为这是“不必要的”或“过时的”，对传承的任务感到不解甚至产生抗拒心理。“概不外传”“父传子而子不受”的种种矛盾，使基于家族传承制的工匠精神培育陷入传承人流失、后继无人的困境。

### （二）外部环境的冲击

在我国，沿用家族传承制的多为传统手工业，传统手工业是传承工匠精神最重要的载体之一，蕴含了工匠精神的哲学思想与美学追求，同时体现了其价值追求与价值表征、品格特征与伦理准则。在当代社会，传统手工业蕴含的工匠精神仍具有历久弥新的价值与意义，但现代科技的高速发展和多元文化的碰撞交融，使传统手工业的生存空间受到了严重的挤压。尤其是工业化的深入推进、制造业的更新换代，极大地改变了人们的生产方式，新的生产技术的引入甚至直接取代了一些手工业流程。如在首饰设计领域，传统的抛光与切割工艺流程被现代化的机械设备所代替，激光焊接与机械冲压技术使生产效率大大提高，这对传统首饰行业构成了严重威胁。时代的发展也改变着人们的生活方式，大众更倾向于选择快速、便捷且具有同等实用价值的工业制品，对于“老字号”的家族品牌也不再具有过往的执着和信任，家族品牌逐渐失去了市场竞争力，即使现如今一些家族已不再靠此为生，但仍无法避免其对传承积极性的影响。发生在传统手工业中的这种消极变化使得蕴藏于其中并与之互为补充、相辅相成的精神文化失去了依附的载体，加之时下仍充斥着工匠地位不高的世俗观念和讲求实效功利的社会风气，种种外部因素都对传统家族技艺的发展构成了强大的阻力，家族技艺传承和文化传承面临着前所未有的危机。

## 四、基于家族传承制的工匠精神培育策略

任何事物的发展都不可避免地要经历一个曲折的过程，家族传承制是我国几千年来流传下来的传承途径之一，应予以尊重与支持；同时，我们也不得不反思当前所面临的困境，寻找在新时代背景下传承家族技艺、培育工匠精神的有效策略。

### （一）提升主体的积极性和传承意识

对于工匠家族而言，技艺不仅是维持生计的手段，更包含责任、使命、热爱、执着、骄傲等超越物质需求的信仰与情感，这也是家族技艺得以生生不息、代代传承的动力和保障。因此，消除内部制约因素的关键在于培养主体的自豪感和责任感，提升其传承的积极性和传承的意识。应通过心传口授、榜样示范、情感培养等途径和方法增强继承人对家族技艺的认同感，不仅激发和培养他们对家族技艺的兴趣，还要让他们感受到作为继承人的责任和义务，心生对家族技艺保护、传承和发扬的使命感。一方面，情感联结是家族传承制区别于其他传承方式的特殊之处，也是传承工匠精神的重要优势。家族技艺和文化的传承可以通过特有的情感互动、开放平等的沟通对继承人产生感化、陶冶和震撼，在互动和沟通中实现两代人之间传承理念的融合，在考虑年轻一代的价值取向与兴趣后合理制订传承计划，而非以“不孝”之名强制要求其被动服从，从而摆脱“父传子而子不受”的尴尬。另一方面，物质和名利也是必须考虑的现实因素。研究发现，传承人的知名度、社会地位、经济收入等在很大程度上影响着家族传承的积极性。对于知名度高、社会影响力大的传承人，后辈接受与自愿继承的可能性较大，而在某些领域里默默无闻，甚至难以维持生计的传承人，其后辈极少表现出强烈的继承意愿。因此，从根本上来看，家族技艺的可持续发展离不开传承人自身的提高和突破，传承人应努力提高技艺水

平、打造家族品牌，以得到业界、社会的肯定和认可，从而对继承人的心态产生积极的作用和影响。

### （二）优化升级传承内容和培育形式

基于传统家族传承制在现代社会所显现出来的自身局限性，如何在保留其本质属性的同时适应时代发展，弥补短板，优化升级工匠精神的传承内容和培育形式，成为需要重点关注和思考的问题。工匠精神的家族传承以言传身教为主，继承人通过有意识地学习或在不知不觉中受到感染而继承家族技艺和文化，这种方式虽然有其他教育形式所不具备的独特优势，但也存在着不稳定和不系统等劣势。家族内部有必要建立翔实的档案资料或制定一套统一的标准，形成可流传的实体记载，并随着时间的推移和技艺的提升不断对其进行更新和完善，避免造成“人去艺绝”的传承损失。家族传承制是工匠精神传承和培育的重要途径之一，虽然开放多元的社会走向给家族传承制带来了一定的冲击，但也为其提供了弥补自身局限的机会。在这样的社会环境下，家族可以更多地参与社会活动，加强与政府、院校、行业协会、企业等主体的合作，以跨界的形式实现传承的开放性。在一个不断前进、开放多元的社会中，家族传承不可能是一个保持原样的传承过程，将传统的技艺与文化原封不动地传递下去不是一个理智可行的选择，应转变这种传承理念，在保留其标志性内核、优质文化因子的基础上对传承的内容有所改革和创新，赋予其新的生命力。事实上，家族文化既是一份遗产，又是一个不断积累、扬弃的过程，工匠精神本身也包含了对创新和创造的追求，如此一来，家族技艺不但不会落后和变质，而且可以更长久地发展下去。

### （三）营造有利于工匠精神家族传承的外部环境

长期以来，手艺人虽具有一定的技艺特长，但社会地位并不高，加之现代化进程的冲击使传统手工制品的市场需求量萎缩，导致传统手工业日益衰落，手艺人逐渐被社会边缘化，年轻一代继承家族技艺的意愿降至低点。由此看来，解决传承危机的关键在于保障传统技艺及家族传承人的社会地位和社会认可度，这不仅需要传承人自我提升技艺水平和不断完善家庭教育，还需要政府和社会各界给予支持，积极营造有利于工匠精神家族传承的外部环境。第一，建设文化传承平台。应以政府为主导，号召行业企业等各界参与，构建传统手工业的服务与宣传平台，宣传展示传统手工业的成品之美及其背后的工匠文化内涵。在当前国家大力弘扬工匠精神的背景下，应将工匠精神与具体的家族产业和传统技艺相结合，将抽象的工匠精神具象化，借助文化传承平台来进行传播和推广，吸引更多的群众，实现文化弘扬和发展的目的，并在市场需求上争取大众消费群体的回归。第二，加强对继承人的保护和鼓励。继承人作为技艺与文化传承的载体，决定了家族传承的兴衰。造成当前传承危机出现的最大因素是继承人传承家族技艺的意愿不高。随着时代的变迁，我们没有立场去苛责继承人对于传承家族技艺所产生的“无意义感”和“无价值感”，而是应该加大政府激励力度。政府可以出台激励措施，如设立资助项目，挖掘和培育继承人；制定科学的审查体系和传承资格等级，为继承人颁发证书并给予必要的经济支持和名誉鼓励。这样做一方面可以改善手工业的发展现状和手艺人的身份地位；另一方面可以缓解继承人的压力，使他们对于职业前景不再担忧，从而提高他们传承家族技艺的意愿。

## 第二节　基于企业师徒制的企业职业教育培育

师徒制是一种基于契约关系的师傅带徒弟的技艺传承方式，一般存在于非血亲之间，它的起步虽晚于家族传承制，但也是较为古老悠久的传承方式之一。

### 一、企业师徒制的发展背景

师徒制的出现源于第二次社会分工，手工业从农业中分离出来，成为农业的补给行业。伴随着手工业和生产力的发展，人们对手工制品的需求量大大增加，单一的家族传承方式已难以满足市场需求，因而产生了师徒制。在当时，手工业者和家庭作坊普遍会招收一些 13～15 岁的孩子作为学徒，师傅在实践中对徒弟进行严格的技艺传授，徒弟则逐步学习技艺和积累经验。师徒制在我国有着悠久的历史，虽然在发展过程中由于时代变化经历了从形成到发展、从发展到没落、再到复兴的过程，但无论是在手工业生产阶段还是在工业化发展时期，师徒制一直都是技术教育的主要形式。除了技术教育，师徒制也是文化传承的重要方式，春秋时期孔子广收三千弟子便是典型代表。从更深层次来看，师徒制所承载的不仅是技艺的传承，更是开启和延续了“尊师重教”的价值观念，“国将兴，必贵师而重傅”“一日为师，终身为父”等价值观念根植人心，不仅影响着师徒制的发展，更影响着整个社会的发展。后来，师徒制被运用到企业中，形成了企业师徒制。Kram 于 1985 年针对企业师徒制提出了较为经典的定义，即在企业组织中知识、技术和经验资深者与年轻资浅者之间建立的一种涉及专业技术、人际关系和职业生涯等方面的支持性师徒指导关系。严格来说，企业师徒制不等同于传统师徒制，一方面，企业师徒制是在企业大量出现之后才随之产生的；另一方面，企业师徒制受企业或行会的规范和管理，相对而言更具正式性，属于一种组织行为或广泛意义上的社会行为，而传统的师徒制大多只是简单的师傅带徒弟或由第三方担保人订立契约，鲜有更高一级的组织对其进行规范，因此更倾向于将其归为个人行为。尽管在形式上有一定的区别，但企业师徒制和传统师徒制的本质并无二致，都是建立在师傅和徒弟之间的指导关系，就此而言，两者是一脉相承的。

## 二、工匠精神企业师徒传承的主要类型

根据不同的分类标准，企业师徒制的类型有多种分类方式，从指导内容上看，可以分为工具型（问题导向）与发展型（过程导向）；从组织层级上看，可以分为层级式和非层级式；从参与主体的数量上看，可以分为一对一（一个师傅对一个徒弟）、一对多（一个师傅对多个徒弟）及多对一（多个师傅对一个徒弟）。结合企业师徒制的本质属性和传承工匠精神的主旨，最为恰当的是以指导关系为依据的分类方式，具体可分为教练辅导型、关系守护型、工作协作型及咨询协调型四类。

### （一）教练辅导型

在教练辅导型师徒制中，师傅与徒弟之间的互动交流主要围绕组织要求和工作任务等相关内容展开，较少关注个体心理上的变化及需求。具体到工匠精神培育层面，多以匠技和匠术的传授为主，鲜有涉及匠心和匠气的培育。在过程方式上，多采取直接的教导和干预，一般而言，师傅会根据目标为徒弟制订具体的工作和学习计划，明确工作步骤和注意事项；在工作过程中，密切关注徒弟的工作动态，适时给予肯定或批评纠正，并在

必要时提供问题的解决方法。这种模式更多的是从师傅到徒弟的单向交流，工作任务、计划、标准、流程等事项基本上是由师傅单独决策后告知、分配给徒弟的。一般情况下，严格的师傅会以工匠精神为导向将标准定得比较高，若徒弟能达到标准，则会对其加以肯定和奖励；若徒弟无法达到标准，则不宜苛责和忽视其贡献，应分析问题、继续教导。总体而言，教练辅导型师徒制传承的方式偏狭窄和刻板，留给徒弟自由发挥的空间较小，但在提高技艺方面是实用且高效的，故在工匠精神培育中能起到夯实基础的重要作用。

### （二）关系守护型

在关系守护型师徒制中，师傅与徒弟之间的互动交流主要围绕心理、人际关系等个人话题展开，针对组织要求和工作任务的辅导则相对较少。具体到工匠精神培育层面，多以工匠意识和人文精神的培养和提升为主，相比于教练辅导型较少涉及工匠技能的传授。在过程方式上，多采取直接的指导和关怀守护。一般而言，工作任务、计划、标准、流程等事项都是师傅在与徒弟沟通交流的基础上对其有充分的了解后确定的，基于这一点，师傅对徒弟有着充分的信任，相信他一定能做好工作。但如果徒弟在完成工作任务的过程中有处理不当之处或遇到困难，师傅也会随时给予指导和帮助。师傅除了跟进徒弟的工作动态，还会着重关注其心理状态和需求，如对于工作和同事关系是否满意、有何难处或要求等。这种模式下的师徒交流是双向的，师傅基于对徒弟的了解对其进行指导和帮助，了解的源头大多来自徒弟的自我开放，指导行为的本质是“关系”的建立和维护，双方都能从中收获满足感和安全感，即使师傅和徒弟在工作岗位上并没有密切的合作关系，双方仍会感觉站在同一战线、处于同一个圈子中。

### （三）工作协作型

在工作协作型师徒制中，师傅与徒弟之间的互动交流和教练辅导型一样，也是围绕组织要求和工作任务等相关内容展开，不同之处在于，工作协作型的师徒互动更多地采取间接方式，师徒双方一般是在工作上有密切合作关系的同事，在共事的过程中，通过指导性协作提升工作效率和徒弟的工作能力。一般而言，师徒会以讨论的形式确定工作任务、计划、标准和流程，并明确划分责任分工。双方在各司其职的同时，师傅会整体把控工作进度和关键点，若发现徒弟遇到难题需要帮助，师傅会及时配合解决问题。指导性协作不仅贯穿于工作过程中，还渗透于事后的工作总结与自我检讨中，在师傅的引领下，师徒双方共同总结成功经验，分析需要改进的地方。这一类型的师徒制不仅能够提升徒弟的技术水平与工作能力，还能通过正式且特殊的关系解除存在于同事之间的有意或无意的竞争，降低了产生矛盾的可能性，有利于提高工作效率，建立和谐的小组工作氛围，对于组织内部凝聚力的形成起着重要的作用。较为可惜的是，目前工作协作型师徒制在我国企业中采用得并不多。

（四）咨询协调型

在咨询协调型师徒制中，师傅与徒弟之间的互动交流和关系守护型一样，也是主要围绕心理、人际关系等个人话题展开，不同之处在于，咨询协调型的师徒互动更多地采取间接方式，师傅多以建议者和顾问的身份出现，为徒弟提供资源和参考信息。一般而言，师徒间的互动以双向的语言交流为主，在交流中师傅会积极倾听徒弟的心声，较少给出具有明确指导性的建议，而是启发徒弟自己找到解决办法、自己做决策，无论是工作上的事务还是个人方面的问题，最终的决定权往往都掌握在徒弟手中。相较于关系守护型的师徒关系，咨询协调型的师徒之间会有一定的距离感，但在问题的分析和处理上却具有更强的客观性。与教练辅导型的师徒关系相比，咨询协调型的师徒关系偏向开放和自由，留给徒弟自由发挥的空间很大，它对于提升员工士气、促进员工自我了解和潜力激发有着积极影响，在工匠精神培育中能起到推动作用。与工作协作型师徒制面临的情况类似，目前咨询协调型师徒制在我国企业中采用得也不多。

## 三、基于企业师徒制的工匠精神培育环境

员工素质的提高和企业的可持续发展离不开工匠精神的培育，企业师徒制是企业传承工匠精神的重要途径。基于企业师徒制的工匠精神培育在取得一定成效的同时也存在着一些问题，这既影响了员工个人的职业发展，也不利于企业的整体发展。

（一）对工匠精神及工匠精神培育的认知片面化

当前，社会正大力弘扬工匠精神，企业也十分重视员工工匠精神的培

育，但仍有包括企业家在内的部分人员并未全面准确地理解工匠精神的本质和意义：有的缺少对工匠精神的认同，认为工匠精神只是一种标语式或口号化的宣传；有的夸大工匠精神的作用，认为有了工匠精神就有了一切的发展空间。存在于企业中的这些片面甚至错误的认知，阻碍了工匠精神的发展，不利于企业工匠精神的培育，直接导致工匠精神培育内容的虚化。其典型表现为，在企业内部和企业间的大中小会议上都强调工匠精神的重要性及应该怎么做，但很少有企业能够明确具体的培育内容并逐步实行，甚至有企业把工匠精神培育简单地理解为思想教育工作和企业文化宣传工作，基于企业师徒制的工匠精神培育也难免荒腔走板。因此，工匠精神的培育内容需要具体化、细化和量化，如此才能达到效果，让工匠精神真正为企业服务。

### （二）师徒之间存在适应性问题

在企业师徒制中，师傅一般是具有相当阅历的资深者，徒弟一般是年轻的资浅者，双方在年龄及某些观念上的差异是客观存在的，需要良好的沟通和积极的磨合才能完成对彼此的适应。但从现实情况来看，很多师徒并没有跨越代沟，相互之间缺乏沟通，甚至存在比较严重的沟通问题，这在很大程度上阻碍了师徒关系的发展及双方对传授模式的适应，从而影响了企业师徒制的实施效果。在徒弟群体中有一部分是入职不久的新员工，他们需要面对从学校学生到企业员工的角色转变，要顺利完成这样的角色转变，不仅需要在专业技术和工作业务上付出努力，还需要在心理上完成过渡与适应。但很少有师傅能够主动关心徒弟的生活，很少在徒弟有情感需要时为其提供支持和帮助。更为棘手的是，企业师徒制的实施甚至起到了不良的作用，由于能力和经验的不足，徒弟在工作中只能扮演辅助角色，长此以往，很容易产生习惯性依赖，个人独立承担任务的能力和创新思维得不到锻炼和提升，也难以认清自身的职业定位和需求，这对其整个职业生涯的发展都会产生不利的影响。这些问题的出现并不代表企业师徒制本身存在缺陷，而在于实施主体的“水土不服”以及在实施过程中出现偏差，需要采取有针对性的方法予以解决。

### （三）相关主体行动力不强，有流于形式之嫌

虽然基于企业师徒制的工匠精神培育已在很多企业内部开展起来，但

仍存在流于形式、没有真正落到实处的问题。具体表现为培育目标不明确、培育方法缺乏针对性及相关负责人的重视和参与程度不够。目标具有指向性，企业才知道下一步应该怎么走，员工才知道接下来应该怎么做。基于企业师徒制的工匠精神培育既要适应企业发展的需要，又要符合员工自我发展的要求，但部分企业只是被动地响应国家政策号召，机械地实施一贯延续的制度，高层在做决策时没有提出明确的目标和计划，员工也不清楚该做哪些准备，只能走一步看一步。企业不同于教育机构，在工匠精神培育方面有自身的特点，应采取切实可行的方法和措施最大限度地发挥自身优势。然而，部分企业的培育措施只是泛泛而谈，没有针对性，缺乏企业自身培育特色，其培育效果可想而知。深究起来，这些问题的出现与相关负责人的不重视有关，他们或许认为培育工匠精神并不是直接关乎企业盈利和发展的大事，企业师徒制的开展也只是下级具体部门应该做的事，没必要作出相关部署，从而导致培育目标不明确、培育方法缺乏针对性。可以说，相关负责人的重视和参与程度不够，既是基于企业师徒制的工匠精神培育行动力不强、流于形式的典型表现，也是导致这一问题出现的重要原因。

## 四、基于企业师徒制的工匠精神培育策略

工匠精神培育事关企业的可持续发展，是一项具有难度的系统工程。企业需要提高重视程度并长期投入，在理念与文化、管理方法与制度等方面实现转变，充分发挥企业师徒制的作用。

### （一）突破个人主义倾向和思想观念的制约

对工匠精神及工匠精神培育的认知片面化，与企业仍抱有急功近利的思想及员工个体的个人主义倾向有关。一方面，身处快节奏的当代社会，一些企业在被淘汰的压力下一味地追求时效性，耐性和情怀在他们看来是奢侈和不必要的；另一方面，一些企业员工仅将职业视为获得工资报酬的渠道，对工作缺乏由内而发的责任感和使命感，更没有将工作与企业发展、社会需要相联系，一切以低层次的自我需要为中心。突破这些思想观念束缚的关键在于企业文化建设，企业应围绕质量提升和品牌建设树立更高层次的企业愿景，把诚信作为生存的第一法则，厚植工匠精神传承的文化土壤。在企业内部构建更为科学合理的培训体系，将工匠精神培育融入

员工的在职教育中，引导他们树立正确的价值观。重新审视企业师徒制的开展过程，明确师徒传承的内容不仅包含技术层面的专业知识和岗位工作经验，还包含精神文化层面的责任意识和职业道德规范。无论是师傅还是徒弟，都要转变观念：师傅不仅要在完成工作任务的过程中为徒弟提供技术方面的指导，更要帮助和监督徒弟形成精益求精的工作习惯和脚踏实地的工作态度；徒弟也要在自身职业素养和心性品德的修炼方面下功夫，逐步成长为德技兼修的工匠型员工。

（二）提升师徒配对和员工发展定位的合理性

提前设计和持续关注企业师徒制在实施过程中的细节，提升师徒配对和员工发展定位的合理性，能有效降低师徒间出现适应性问题的概率，优化工匠精神培育的效果。首先，企业需要进行整体层面的需求分析，综合考虑企业的发展方向、不同工种岗位的特点和员工的现有水平，分析各工种岗位开展企业师徒制的必要性，预估在投入相应的时间和精力后要达到何种目标、取得何种效果，再具体考察员工个体的情况，选择合适的资深者作为师傅，选择具备潜能的资浅者作为徒弟。其次，师徒配对要尽量避免组织直接安排或单向选择，应采取双向选择的方式，上级组织可以根据师徒的学历程度、性别差异及文化背景等信息给出推荐建议，但选择权和决定权在师徒双方手上，因双向选择是基于自由意志之上的，故对于双方而言心理接受和认可程度都更高。再次，在企业师徒制的具体开展过程中，要注重将工作需求和徒弟的个体需求相结合，师傅只发挥引导和辅助作用，协助徒弟找到自身发展定位，避免喧宾夺主或使徒弟产生依赖感。最后，在实施企业师徒制的不同阶段关注的内容应有所侧重，如对于刚刚入职的员工，应尽可能地让其多了解企业传统和背景文化，加速对其企业归属感的培养。

（三）完善支撑工匠精神师徒传承的管理制度

企业师徒制的顺利有效开展需要多方面的支持，尤其是企业管理者的重视，有必要将工匠精神的师徒传承上升到企业战略层面进行顶层设计，把它作为一项长期的甚至是终身的培养方案。短期见效背离了企业师徒制和工匠精神的本质，企业必须克服这种短视行为，建立完善的制度，保证企业师徒制的长期贯彻执行。第一，企业应强化过程管理，对师傅与徒弟的相关信息和互动活动登记备案，定期开展调查访谈，及时了解师徒双方的需求和意见并作出反馈。第二，建立激励制度。赏罚分明是制度建设中最为重要的一条，也是调动相关人员积极性的有效手段。将升职加薪与精神激励相结合，加强对师傅的激励，同时不忽视对徒弟的激励，根据定期考核、最终考核标准和考核结果计算师傅、徒弟的最终得分，执行相应的物质奖励与精神奖励。若存在形式主义、敷衍了事的情况，则严格执行相应的惩罚措施。第三，完善评估体系。制定一套兼具科学性和灵活性的考核评价标准，明确具体的指标体系，用于评估企业师徒制的实施效果，衡量徒弟的能力与素养是否达到企业要求和既定目标，并将评估的结果及时反馈给管理者和师徒双方，共同沟通商议，作出相应调整，使其更加合理。

## 第三节　基于现代学徒制的学校职业教育培育

现代学徒制源于并推动了现代产业的发展，它既是一种特殊的校企合作实践形式，也为校企深度融合、工学交替育人提供了制度保障。

### 一、现代学徒制的发展背景

一般来说，传统学徒制主要包括古代学徒制、行业学徒制和工厂学徒制，而现代学徒制则是指以 20 世纪 60 年代德国“双元制”为代表的当代世界学徒制。通常认为，现代学徒制是将传统的学徒训练与现代的学校教育相结合的一种企业与学校合作的职业教育制度。一方面，传统学徒制在知识与技术的系统传授方面存在较大的局限性，且相比于传统产业，现代产业中技术技能人才的知识与能力结构具有普遍性的科学与标准化技能，获取这种知识与技能更好的途径是学校职业教育；另一方面，学校教育由于缺乏稳定的师徒关系、真实的职业实践环境等，对于学生实践技能的培养与训练不够精深。可以说，时代背景和现实需求催生了现代学徒制的发展，也赋予了它新的特点。

### 二、工匠精神现代学徒传承的基本特征

近年来，我国职业教育领域一直在大力倡导和推进产教融合、校企合

作，时至今日，虽有部分职业院校能真正将其做实做深做细，并在一定范围内获得了成功，但总体来看，并未取得理想的成效。现代学徒制作为一种更加深入的校企合作人才培养模式，有望助力职业院校在人才培养方面取得实质性突破。

第一，现代学徒制是建立在多元利益相关者权责平衡基础上的，其直接利益相关者不仅包括学校和企业，还包括导师和学徒。一方面，师徒关系是现代学徒制的首要因素，现代学徒制中的师徒关系不同于被打下个体化烙印的传统师徒关系，它不存在人身依附，指导过程中的普适性和教育性更高，这不仅保证了专业技能传授的科学高效，也有利于宽泛意义上的职业文化和工匠精神的传承；另一方面，师徒双方的权利和义务受到合同的规范和保障，学徒作为学校学生和企业学徒的双重身份都受到认可，其参与的积极性也随之提高。

第二，校企双方有了更深的合作，企业的参与形式和参与程度都不同于以往。现代学徒制的实施改变了先学校育人、后企业实践的传统模式，开启了校企分段交替培养的新模式，实现了校企育人形式从泾渭分明到相互衔接、融合的转变。在这样的模式下，企业要全程参与技术技能人才培养过程，主导职业能力标准的制定，参与人才培养方案的制定，共建共享教学资源等。

第三，现代学徒制在夯实专业实践能力的基础上，注重对通用技能、综合素养和自我学习能力的培养，其可贵之处不仅在于能实现职业院校人才培养与企业需求的紧密对接，而且在于能够打破职业教育的功利化怪圈、促进个体职业生涯的可持续发展。

## 三、基于现代学徒制的工匠精神培育困境

近年来，职业院校的工匠精神培育看似风风火火，实则充斥着浮躁与功利。职业院校在启发学生认知工匠精神层面有优势，但在将其深化至学生的情感、意志和行为层面则需要企业的支持。然而，由于现代企业建有自己的一套入职培训体系，与院校合作的积极性不高，导致多数校企合作只停留在表层的组织建设上，使基于现代学徒制的工匠精神培育陷入困境。

### （一）课程中技能与素养的培育难以兼得

课程是培养学生技能与素养的重要载体，从目前来看，职业院校无论

是在专业基础课、实训课还是在公共课方面，都未将工匠精神培育渗透其中，即使有所体现，也只是浅尝辄止，渗透范围小，渗透力也不够。较为普遍的做法是在课程中设置一个关于工匠精神的专题板块，通过介绍杰出工匠的人物故事、展示和分析正反面的典型案例等进行短期的集中讲授，这不失为一种可行的方式，但不能仅靠其“独挑大梁”。一方面，工匠精神的培育是一项系统工程，无法一蹴而就，需要经历一个循序渐进的过程，让学生在长期的实践中设身处地地感受，深入地思考、领悟和总结，仅靠短时间的突击学习难以取得实质性的成效；另一方面，虽然工匠精神是一种精神品质，但过硬的技能、娴熟的技艺是包含于其中的前提和基础，也是打造工匠成果的必要条件。将工匠精神“精神化”，以“重视”之名将其列为独立的教育板块，无形中将其与专业技能的培养划分了界限，从而导致课程中技能与素养的培育融合度不高。尽管大多数职业院校都已意识到这一问题，但并未予以解决。此外，兴趣与热爱是催生工匠精神的源动力，也是个体职业生涯可持续发展的基础。在现有的课程设置和学习氛围下，学生对于未来将从事的职业没有深入的了解，缺乏建立在兴趣和热爱基础上的学习，学习效果达不到预期。唯有逐渐建立学生对所学专业和将从事职业的认同感，才能激发学生的学习动力，有效培养学生的技能和素养，为其职业的长远发展奠定基础。

### （二）教学情境与情境化教学的悖论

工匠精神的培育涉及学生在生产工作过程中的行为表现和操作规范，这就需要依托真实的情境展开教学，让学生在其中得以历练。当前，一些职业院校已经创设了先进的仿真教学情境，如建立了仿真车间，打造了VR虚拟教学实训系统等，但在利用情境、融合情境进行教学方面仍停留在初级阶段，并未真正实现教学内容与职业标准、教学过程与生产过程的对接。究其原因，一方面，没有以明确的工作任务为载体，没有将实际岗位所需的技能细化到每一个教学单元中；另一方面，没有基于工匠型人才培养要求实施标准化、规范化的评价。事实上，有效的教学评价不仅能检验学生知识和技能的掌握程度，还能使学生形成判断力和自我监督能力，树立质量意识和责任意识。但多数职业院校仍沿用传统的评价标准和评价方式，缺乏对企业标准、要求的参照和对工匠精神的考察，也鲜有给出基于情境的过程性评价。凡此种种，无形中形成了一个悖论性问题，即教学情境原本是服务于情境化教学的，但现实的情形是职业院校花大力气在教学情境中营造真实的企业生产环境，却并未将企业管理标准和企业文化融入实践教学，情境化教学陷入了“有名无实”的尴尬境地，学生的技能与素养也无法达到预期的目标。

（三）教师应然作用与实然作用发挥的偏差

教师是工匠精神培育的重要力量，也是学生在学习过程中的主要参照对象，教师在学生技能学习和精神内涵塑造方面发挥着重要作用。但从实际情况来看，教师的作用还有待进一步提升。一方面，随着现代产业发展对人才要求的不断提高，学生既需要学习通用性知识与技能，又需要获得岗位所需要的特殊性知识与技能，后者的获取依赖于具有精湛技艺的“工匠型”教师，目前职业院校的专职教师缺乏企业实践经历的不在少数，他们通常不具备这样的经验和能力。引入企业兼职专家可以有效解决这一问题，但技艺高超的工匠若不具有一定的教育基础和指导能力，也无法成为优秀的教师，所以职业院校在不作出改变的情况下依然难求完美。另一方面，工匠精神的培育是一个潜移默化的过程，在理想的教学方式与师生关系下，教师能通过教学行为和日常交流对学生产生持续性的影响，为学生树立人格和技能榜样，在一点一滴的学习和熏陶中有效培育学生的工匠精神。可惜的是，很多教师并没有意识到自己为人师表所能产生的作用，在教学实践中未能与学生形成共同体，无论是课中还是课后，与学生的交流都不够密切，在学生技能和素养的培养方面发挥的作用还处于较低的程度。虽然职业院校一直在不断加强师资队伍建设，但就现状来看，教师所发挥的实然作用与应然作用之间仍存在较大偏差，这也意味着工匠型人才培育还有很长的路要走。

## 四、基于现代学徒制的工匠精神培育策略

基于现代学徒制的工匠精神培育存在着以上种种困境，如何摆脱这些困境呢，以下给出几点策略。

（一）完善基于文化融合的校企合作机制

当前，学校与企业往往基于自身利益需求开展合作，但要想实现可持续的深度合作和真正意义上的人才共育，双方在合作中进行文化融合是必

由之路。从宏观角度而言，基于文化融合的校企关系不再是纯粹的利益交换或指导与被指导的关系，而是双方经过文化上的交流碰撞所形成的相互影响、共同探索和成长的合作关系。一方面，现代学徒制以自觉约定和制度保障落实双主体的责任，是促进校企文化融合的纽带；另一方面，现代学徒制的持续深入推进必须建立在这种平等共进的基础之上。

让学生将工匠精神内化于心、外化于行需要经历一个长期的过程，这需要学校与企业共同努力。学生在企业当学徒期间应深刻感受企业文化，以工匠的标准实现自我检验和提升。学生在校学习期间，学校也要将企业文化与校园文化融入，将企业文化和校园文化渗透到学生的学习和生活中。此外，学校在教学场地的建设布局方面要参照现代企业工作场所设计，利用标语、看板、图册等载体体现产业文化和工匠文化；在教学管理过程中也要参照现代企业生产管理模式，制定严格的教学管理制度。

### （二）构建学习过程与职业生涯相融合的教学体系

重构技能与素养并重、学习过程与职业生涯相融合的教学体系，是工匠精神培育的核心。职业院校应对接行业准入资格标准和岗位资格标准，解构课程内容，将“毕业证”“职业资格证”“准入资格证”“企业岗位资格证”的要求进行融合，构建“四证合一”的课程体系，打造“公共基础课程”“准入资格课程”“岗位资格课程”等课程模块。校企双方进一步深化校企合作育人制度，改变传统的先学校育人、后企业实践的“一分为二”的模式，采取“校企轮换、工学交替”的教学组织形式，实行“在校基础课程学习—企业学徒见习—在校岗位任职基本技能学习—准入资格培训考核—企业顶岗实习—岗位资格培训考核”分段交替培养模式，实现学校与企业的无缝对接。校企双方应让学生在实际工作环境中深入了解所学专业并对将从事的职业产生认知，进而产生学习的热情，逐渐建立对职业的认同感和归属感；让学生充分感受企业员工的工作方式、工作内容、工作技能、工作态度等，并将其转化为自身的行为习惯和职业态度，提前实现从学生身份到员工身份的转变。

### （三）校企共同建设双导师队伍

校企共同建设一支技术精深、教学能力强、师德高尚的“企业师傅+学校双师型教师”的双导师队伍，这是工匠精神培育的关键所在。要确保导师在教学过程中一直对学生起到积极的影响，必须高度重视导师队伍的建设。学校应打通“双师型”教师成长通道，建立并执行新教师任教前顶岗锻炼、老教师阶段性定期顶岗培训制度，让教师在提高实践水平的同时，了解最新企业职业岗位任职要求，把握工匠型人才培养方向。学校还应引进企业技能大师、能工巧匠，商讨完善人才培养方案，修正课程体系与课程内容，推进专业教学改革。企业应制定明确合理的师傅遴选制度，严格执行遴选标准，遴选出来的师傅既要具备精湛的技艺，又要具备一定的教学能力，能够灵活运用适宜的教学方法培养学徒。企业还应提供师傅带培津贴，在给予师傅适度的带徒自主权和指导自主性的同时，定期对师傅进行考核，以学徒的反馈来完善教学内容和教学方式。在理论教学与实践教学交替进行的模式下，学校和企业应使“教师”与“师傅”有效融合和对接，在整个现代学徒制人才培养的过程中，把“导师”的角色作用充分发挥出来。此外，导师应加强与学生的沟通和交流，发挥示范和表率作用，随时随地、全方位地指导和纠正学生的言行。

# 第八章　职业教育系统培育工匠精神的保障体系

工匠精神越来越受到国家和整个社会的重视，厚植工匠成长的沃土已成为国家意志和全社会的共识。职业院校是培育工匠精神的主阵地，职业教育系统培育工匠精神是服务于国家战略实施的重要途径，是实现产业转型升级的现实需要，是推动职业院校可持续发展的重要因素，是技术技能人才职业生涯发展的助推器。但工匠精神的培育不是一蹴而就的，需要从组织、政策、环境、经费等方面予以保障，并从人才体系构建、人才培养模式改革及师资、平台等方面加强技术技能人才培养体系建设，从而实现工匠精神培育的目标。

## 第一节　加强组织保障

要坚持国家主导、政府统筹、地方为主、分级管理的管理体制。工匠精神的培育是一项系统工程，需要做好顶层设计，强化组织保障，形成上下合力，多部门协同培育工匠精神。

国务院相关部门应有效运用总体规划、政策引导等手段，加强对工匠精神培育的统筹协调和分类指导；地方政府要切实承担主要责任，结合本地实际推进工匠精神培育，研究制订具体实施方案，细化政策措施，明确责任分工，探索解决实际培育中的难点问题，确保工匠精神培育落实到位。要加快政府职能转变，充分发挥相关工作部门联席会议制度的作用，形成工作合力。

教育主管部门应把工匠精神培育作为衡量院校办学水平、考核院校领导班子的重要指标，将其纳入职业院校教育教学评估指标体系和专业群评估指标体系。将工匠精神培育情况写入高职高专教学质量年度报告和毕业生就业质量年度报告，接受社会监督。要注重发挥行业、用人单位的作用，积极支持第三方机构开展评估，将考核结果作为政策支持、绩效考核、表彰奖励的重要依据。

各地区、各职业院校应充分认识工匠精神培育的重要意义，加强指导管理与监督评价，健全工作机制，统筹推进本地本校工匠精神培育工作。各地区要成立工匠精神培育专家指导委员会，开展技术技能人才工匠精神培育的研究、咨询、指导和服务工作。各职业院校要落实培育主体责任，把培育工匠精神纳入学院改革发展重要议事日程，成立由校长任组长、分管副校长任副组长、有关部门负责人参与的工匠精神培育工作领导小组，建立教务部门牵头，学生工作处、团委等部门齐抓共管的工匠精神培育工作机制。

## 第二节　加强政策保障

### 一、加强政策引导

深化市场准入制度改革，及时进行产品质量和服务标准更新，倒逼市场主体提升产品质量和服务质量；推行企业产品和服务标准自我声明公开和监督制度，强化企业社会责任；提高工匠地位待遇，落实技术技能人才的医疗、养老、就业等政策；落实就业保障制度，创造各类人才平等就业的环境；推动职业院校毕业生更高质量、更充分地就业，减少技术技能人才流失；鼓励企业建立高技能人才职务津贴和特殊岗位津贴制度，按照国家现行法律法规的有关规定，对符合条件的高技能人才给予股份和期权等激励措施；提高相关表彰奖励中技术技能人才的比例；鼓励企业和其他用人单位按照国家有关规定建立技术技能人才的表彰奖励制度；按照国家有关规定制定国家高技能人才评选标准和办法，选拔各级各类一线能工巧匠和技术能手，鼓励其在一线岗位建功立业和带徒传承技艺；制定职业教育校企合作促进办法，明确行业支持职业教育的职责和企业参与职业教育的社会责任，建立激励和制约机制，加强校企合作，推动产教深度融合；改变企业参与职业教育的被动地位，通过直接拨款或税收减免方式给予企业人才培养费用补偿，提高企业参与人才培养的积极性。

### 二、加强立法保障

修订《中华人民共和国职业教育法》，明确职业教育工匠精神培育的模式、相关培育主体及其权责利，规范工匠培养全过程的人才质量标准、组织机构、运行方式和资格证书等内容，明确“工匠之师”的法律地位、任职条件和权利义务。修订《中华人民共和国劳动法》，提高劳动者的报酬、福利及职业发展机会，为技术技能人才提供良好的发展环境；结合现代企业制度，完善内部晋升通道，打通技术技能人才成长通道和晋级渠道；建立企业内部激励制度，联合工会，激发劳动者的内在积极性，维护其基本权利。修订《中华人民共和国劳动合同法》，建立现代学徒制学徒合同法，从法律上规范企业对学徒的雇用和解聘制度，明确学徒的双重身份，详细规定工匠精神培育中校企双方的权利和义务以及具体的学习时间和考核内容，保障学徒的人身安全和利益。

## 第三节 加强环境保障

### 一、营造良好氛围

要在全社会弘扬工匠精神，提高社会对工匠价值的认识和对工匠精神的认同，在全社会形成“崇技尚艺”的良好氛围；加大工匠精神的宣传力度，深入挖掘和大力宣传高素质劳动者和技术技能人才的先进事迹和重要贡献，宣传“爱岗敬业、精益求精、勇于创新”的工匠精神；引导全社会树立尊重劳动、尊重知识、尊重技术、尊重创新的观念，树立劳动最光荣、劳动最崇高、劳动最伟大、劳动最美丽的观念，树立依靠辛勤劳动、诚实劳动、创造性劳动开创美好未来的观念，促进形成“劳动光荣、技能宝贵、创造伟大”的时代风尚，提高工匠精神的社会影响力和吸引力；积极探索有效的方式和途径，形成常态化、长效化的职业精神培育机制，重视崇尚劳动、敬业守信、创新务实等精神的培养；充分利用实习实训等环节，增强学生的安全意识、纪律意识，培养学生良好的职业道德；教育引导学生牢固树立立足岗位、增强本领、服务群众、奉献社会的职业理想，增进对职业理念、职业责任和职业使命的认识与理解。

### 二、提高工匠地位和待遇

努力转变社会对职业教育和工匠的看法，形成劳动光荣、尊重技术技能人才的良好社会风气，形成尊崇工匠、争做工匠的职业价值取向，促使更多年轻人坚定自己的职业选择，义无反顾地投身到技术工作中去；提高工匠待遇，改变工匠“工资收入低”“社会处境尴尬”的状况，消除工匠的后顾之忧，让工匠专注于工作，忠诚于职业选择。

### 三、举办职业院校技能大赛和职业教育宣传周活动

职业院校技能大赛及职业教育宣传周活动，是对职业教育工匠精神培育过程、培育典型案例、培育质量的全面展示和宣传。要完善各级各类技能大赛制度，扩大职业院校技能大赛的专业覆盖面；要将技能大赛内化到日常教学工作中，作为一种常态化工作；通过“以赛促教、以赛促学、以赛促改、以赛促建”，改革人才培养模式，提高教学质量，提升职业院校的核心竞争力和影响力；通过技能大赛，给予优秀的技术技能人才以表彰和荣誉称号，使其获得来自社会和市场的肯定和褒奖。

## 第四节　加强经费保障

### 一、落实财政性职业教育经费投入

通过调整优化财政支出结构、加强规划、制定标准等措施，加强各级政府对职业教育的投入。国家要加大经费投入，优化教育经费支出结构，加强对职业教育工匠精神培育的经费支持；充分发挥财政资金的引导作用，加大对培育的重点领域和薄弱环节的投入，要给予工匠精神培育贡献较大的职业院校和行业企业更多的经费支持。地方政府要建立工匠精神培

育经费绩效评价制度、预决算公开制度等；做到职业院校工匠精神培育师资、平台等建设信息的公开。职业院校要优化支出结构，统筹学费收入及其他各项事业收入资金，加大对工匠精神培育项目的经费支持力度，提高资金使用效益。

### 二、充分利用社会资本培育工匠精神

国家应鼓励社会各界，特别是相关行业企业参与工匠精神培育，支持校企合作，整合社会资源，缓解政府主导的办学压力，为技术技能人才培养注入活力。职业院校要多渠道筹措经费，扩大社会合作，形成多元化投入、合力支持的格局，主动与具备条件的企业在人才培养、技术创新、就业创业、社会服务、文化传承等方面开展合作。

### 三、加强对资金使用情况的监督

落实专款专用，确保经费用于学生职业能力培养、师资队伍建设、课程开发、实训基地建设等方面。政府要对资金使用的全过程进行监督、检查，明确各方责任，对资金使用不当的情况进行责任追究，并予以纠正，确保资金使用规范，切实为工匠精神培育提供保障。职业院校要制定相应的管理制度，加强经费管理，强化有关职能部门管理、指导、监督和服务的职责，对经费的使用进行检查与审计，并对经费使用效益作出评估。

## 第五节 加强人才培养体系保障

### 一、推进人才培养模式的改革与创新

高职院校应结合职业教育人才培养的特点，不断深化人才培养模式改革，提高学生职业素养和职业能力，强化学生的专业技能，使学生养成爱岗敬业、精益求精、勇于奉献的职业精神。要结合经济发展对技术技能人才职业素养的要求，按照专业设置与产业需求对接、课程内容与职业标准对接、教学过程与生产过程对接的要求，由校企双方共同研究制订人才培养方案，及时将新技术、新工艺、新规范等纳入人才培养标准和教学内

容，与时俱进地调整人才培养目标、培养方案、教学内容及考核标准。

## 二、加强和推进职业院校“双师型”教师队伍建设

高职院校应引进院士、国务院特殊津贴获得者、省级以上技能大师等高层次、高技能人才到院校担任大师、名师和专业建设领军人才；遴选和打造具有高尚师德、高超技艺和优秀教学能力的技能大师、教学名师、专业（群）带头人、青年骨干教师等高水平人才队伍；定期选派教师到企业下厂顶岗、挂职锻炼，到国外进修学习；建立职业院校兼职教师库，联合行业企业，聘请企事业单位高技能人才、能工巧匠、非物质文化遗产传承人等到职业院校担任兼职教师；推进教师教学创新团队建设，开展协同创新、联合攻关，实现师资整合、资源共享、优势互补；加强国家级和省级“双师型”教师培养培训基地建设，发挥基地资源共享、开放服务的作用，在教师培养培训、团队建设、科研教研、教学资源开发等方面提供支撑和服务；挖掘师德典型，讲好师德故事，大力宣传职业教育领域内的“时代楷模”和“最美教师”，弘扬劳模精神。

## 三、积极搭建校企合作平台

各级政府应继续支持行业企业、科研机构、职业院校共同组建职教集团，以平台为载体，统筹多方资源，强化校企协同育人机制，推动教育链与产业链有机融合。高职院校应加强校企合作平台建设，架起学校与企业之间的桥梁，有效整合学校和企业的教育资源，通过职教集团、协同创新中心、工匠培养基地等多种平台，打造工匠精神培育校企命运共同体，推动职业院校工匠精神培育工作。

# 参考文献

[1] 李爱红．高职思政教育与工匠精神培养的融合研究［J］．山东农业工程学院学报，2018（8）：181－182.

[2] 吴国军．工匠精神培育与高校大学生思政教育的融合［J］．辽宁科技学院学报，2018（3）：100－101，92.

[3] 余敬斌．工匠精神培育与高职思政教育有效融合的理论与实践研究［J］．黑龙江教育学院学报，2017（8）：53－55.

[4] 廖鹏．论工匠精神培养与高职思政教育的有效融合［J］．产业与科技论坛，2022（1）：105－106.

[5] 王丽媛．高职教育中培养学生工匠精神的必要性与可行性研究［J］．职教论坛，2014（22）：66－69.

[6] 李宏伟，别应龙．工匠精神的历史传承与当代培育［J］．自然辩证法研究，2015（8）：54－59.

[7] 管小青．高职思想政治理论课培育学生工匠精神的路径探索——基于职业核心能力到职业信仰的视角［J］．高等职业教育（天津职业大学学报），2018（1）：39－43.

[8] 谭璐．工匠精神培育与高校思想政治教育的有机融合研究［J］．大理大学学报，2018（7）：70－73.

[9] 赵柏林．班墨文化中工匠精神融入高校思政教育的研究［D］．沈阳：沈阳建筑大学，2019.

[10] 张陕豫．论工匠精神培养与高职思政教育的有效融合［J］．办公室业务，2022：2.

[11] 孙文明．新时代职业教育背景下高职学生工匠精神培育路径研究——以汽车检测与维修技术专业为例［J］．时代汽车，2022

(4)：98－100.

[12] 沈晨仕. 基于工匠精神培养的旅游职业教育“三教”改革路径探索 [J]. 现代职业教育，2021 (52)：159－161.

[13] 魏会超. 创新共同体：工匠精神与技术变革的历史互动及对职业教育的启示 [J]. 职业技术教育，2021 (22)：20－25.

[14] 崔静. 在教改创新中打造职业教育工匠精神 [J]. 现代职业教育，2021 (2)：182－183.

[15] 宋良玉. 新时代工匠精神视域下职业教育“三教”改革路径探析 [J]. 中国职业技术教育，2020 (23)：94－96.

**图书在版编目（CIP）数据**

高职学生教育与工匠精神培养探索/邓璘著．—合肥：合肥工业大学出版社，2022.7

ISBN 978-7-5650-5880-6

Ⅰ.①高… Ⅱ.①邓… Ⅲ.①高等职业教育—人才培养—研究—中国 Ⅳ.①G718.5

中国版本图书馆 CIP 数据核字（2022）第 068289 号

**高职学生教育与工匠精神培养探索**

邓 璘 著　　　　责任编辑 孙南洋

| | | | |
|---|---|---|---|
| 出 版 | 合肥工业大学出版社 | 版 次 | 2022 年 7 月第 1 版 |
| 地 址 | 合肥市屯溪路 193 号 | 印 次 | 2022 年 7 月第 1 次印刷 |
| 邮 编 | 230009 | 开 本 | 710 毫米×1010 毫米 1/16 |
| 电 话 | 人文社科出版中心：0551-62903200 | 印 张 | 9.5 |
| | 营销与储运管理中心：0551-62903198 | 字 数 | 152 千字 |
| 网 址 | www.hfutpress.com.cn | 印 刷 | 安徽联众印刷有限公司 |
| E-mail | hfutpress@163.com | 发 行 | 全国新华书店 |

ISBN 978-7-5650-5880-6　　　　定价：39.00 元